自修《じしゅう》自得《じとく》す

Yoshitaka Kitao
北尾吉孝
SBIホールディングス代表取締役執行役員社長

経済界

自《じ》修《しゅう》自《じ》得《とく》す

はじめに――孝は百行の本

『論語』の「為政第二の六」に、「父母《ふぼ》には唯《ただ》其の疾《やまい》をこれ憂《うれ》う（子は、病気になって両親に心配をかけることがないようにすることこそ孝行というものだよ）」という孔子の言があります。

これは「孝を問う」た孟武伯《もうぶはく》という弟子に対する孔子の答えであり、『論語』の中には他にも子游《しゆう》や子夏《しか》が孝を問い、孔子がそれぞれのタイプに応じ、別の答え方をしている章句もあります。

現代では、この孝を封建的色彩を帯びたコンセプトとして意識する人が少なからずいますが、それは間違いだと私は思います。

「孝は百行《ひゃっこう》の本《もと》（孝行は、すべての善行の基本である）」とも言われますが、親に対する孝という感情は世界共通であると共に、情愛の気持ちを子に育《はぐく》み育てる大事なものであります。

自分の父が父の親である御爺・御婆に孝を尽くしている姿を見、その子供も「あぁ、そうやって孝行するんだ」というふうに思って行く――こうした孝の伝搬こそが家族の絆を強めて行くものであって、これが最近、非常に疎かになっているように感じられてなりません。

例えば、キリンなどは生まれて後「20分程度で立つことができるようになる」動物ですが、人間というのは生まれてすぐにぱっと歩けるわけでなく、少なくとも3歳くらいまでは親なしには生きられない動物です。

人間は長期に亘る親の保護の下、その無償の愛を受けて少しずつ自立して行く稀な動物であり、両親を中心として親戚あるいは御縁ある人々の世話をさまざま受けずして、成育できないのです。

人間は天と地の間に存在しており、一年目で天から気を受け天の神の意志を得、二年目には地の気を受け地の神の意志が備わるとし、そして三年目に人から気を受け人間界の一員になるとされている、とする「天地人三歳」という言葉があります。

子供の成長を祝う「七五三」の儀式でも、三歳になった時に人間界に仲間入り出来たということで祝い、天地の創造主（神）に感謝するのもそのためであって、「三つ子の魂百まで」という言葉が出来たのも、これに由来しています。

だからこそ、その間、子の成育に必要不可欠な愛情を如何なる形で注ぎ大事に育てて行くかが非常に重要であり、そしてまたとりわけ、それから後、微に入り細に入り人間としての躾《しつけ》を施して行かねばなりません。

人間はある程度の年齢になると五体満足に生を享けたことに感謝の念を持たなければなりません。また両親の深い慈しみの下で、ある程度一人前になるまで育ててくれた両親に対する恩と感謝の気持ちが自然と醸成されて行くはずです。

そして、その気持ちが次第に他の人や動植物といったすべての生あるものに及んで行くのです。そうなると今度は、両親や周りの人達に対して孝を尽くすという具体的な行動にまで発展して行きます。だから愛情の一番の本が孝なのです。

したがって、孝は愛情のある意味原点とも言えるもので、この原点を有していない人は成人して結婚しても妻を愛し得ないでしょうし、友達に対しても信を持って接し得ないことでしょう。

他人から見て、本当に誠実で信頼できる人だという評価を長い間に亘って得ることは、この愛情の原点である孝の気持ちが欠けている人には難しいのではないかと思われます。孝の気持ちを持つことは非常に大事なことなのです。

もちろん、不幸にして親が若くして死ぬといった状況があったとしたら、その育ての親および支えてくれた周りの人達に、尚一層の感謝をして行くことが求められるのだろうと思います。

あるいは、それが施設などであったとしても、その施設でさまざま面倒を見てくれた人達にも感謝の念を持たねばなりませんし、そうした施設が存在していること自体にもありがたい（有り難い）と感謝をせねばなりません。

自分は恵まれなかったと思いながらずっと生きて行くのではなく、そうした状況であったにもかかわらず、周囲の御蔭で自分は成育できたことに感謝をし、自分もまたそうやって恵まれない人のために尽くして行こうという気持ちが起こるか否かは、その人の人間的成長にとって大変重要なポイントです。

人間として誰かのサポートなしには生きられない状況で生まれてきたこと、そして無事生きてこられたことに対する関わり合ったすべての人への感謝の気持ちといったものが孝という形になるのであって、孝というのは何も、通常言われる親孝行だけを指したコンセプトではありません。

そうした広い意味を内包するこの孝を仮に親孝行と呼ぶとしたら、親孝行というのはすべての愛情の基本であり、親を愛せない人が他人を愛せるはずがないと思います。


以上は私が２０１４年11月27日に記したブログ（「北尾吉孝日記」）です。政治も大事、経済も重要ですが、いちばん大本で大切な存在はそれらを動かす人間であります。その人間の為すことのうち、今日特に欠けているのが「孝」ではないかと考え、巻頭にこのブログを記すと共に、次の仏教の『父母《ぶも》恩重経《おんじゅうきょう》』のお釈迦さまのご説法の一部を現代語訳で紹介しておきます。お釈迦さまは父母の恩徳を次の十種あるとされておられます。

「第一は、子どもを身ごもったと知るや、母は腹の中の子どもを大切に守護しつづけた。その恩である。第二に、出産のとき、母は激しい苦しみに堪えた。その恩である。第三に、母は子どもを身ごもっている間の苦しみも、生まれるときの苦しみも、出産と共に忘れてくれた。その恩である。第四に、母は一八〇石（三万二四〇〇リットル）もの乳を飲ませて育ててくれた。その恩である。第五に、子どもが大小便をもらしてふとんをぬらしても、父や母は乾いたところを子どもにゆずり、ぬれたところに寝てくれた。その恩である。第六に、子どもの大小便・不浄物を、けがれたものとも思わず喜んで洗い流してくれた。その恩である。第七に、食事ともなれば、父母は自分たちより先に子どもに食べさせた。また、苦いものは父母が食べ、甘くておいしいものを子どもに食べさせた。その恩である。第八に、わが子を育てあげたい一念から、時には恐ろしい罪を造るかもしれないのに、悪行をもいとわなかった父であり母である。その恩である。第九に、いつなんどき、どこにいても、父母は子どもから離れずに子どもを見守り、遠くへ行ったときは子どもの安全を祈りつづけてくれた。その恩である。第十に、自分たちが生きている間は子どもの苦しみを代わってやりたいと思い、この世を去れば、子どもを守護してやろうとする父母なのだ。その恩である。」

これを読まれた読者の多くは、父母の恩がどこまでも深く重く限りがないものだと良くお分かりになりましょう。

「北尾吉孝日記」を私は２００７年4月12日から書き続けております。その内容はさまざまな分野に拡大し、現在はFacebookでも公開しています。

この日記の再構成として2008年9月に第1巻が出版され、今回は8巻目の上梓となります。本書では、2014年10月1日から2015年9月30日までのブログより抜粋し、再掲載するに当たっては、基本的に原文のままとしました。

21世紀に入って15年が経過しましたが、いよいよ正しく生きるに難しい時代となりました。リーダーの在り方も、企業経営も、そして一人の人間としての生き方、心の持ち方も、もう一度その在り方を問い直すべき時に来ているのではないかと思います。

私がこれまで学んだ中国古典を中心として、先哲の考え方には、自らを維新するための教えや時代を開く鍵があり、本書でも多いに考えるヒントとして活用しております。

ご一読いただければ幸甚です。

2015年11月吉日

北尾吉孝

自修自得す*目次

第3章　経営および経営者を考える

第4章　リーダーとは何か

第5章　仕事の極意

第6章　安岡正篤先生に学ぶ

第7章　古典を読む

第8章　人間力を鍛える

第9章　人生折々の思索

装丁／岡孝治　編集協力／エディット・セブン

第1章　時代の相を読み解く

「人類滅亡、12のシナリオ」より一言

（2015年5月21日）

▼日本が直面しているリスク

『BLOGOS』に先週金曜日、「人類滅亡、12のシナリオ―オックスフォード大学等の公表したレポートより - 安井義浩」というニッセイ基礎研究所の記事がありました。

そこでは、A「現在進行中のリスク」として①極端な気候変化、②核戦争、③世界規模のパンデミック、④生態系の崩壊、⑤国際的なシステムの崩壊、B「外因的なリスク」として⑥巨大隕石の衝突、⑦大規模な火山噴火、C「新たなリスク」として⑧合成生物学、⑨ナノテクノロジー、⑩人工知能、⑪その他の全く未知の可能性、D「国際政治のリスク」として⑫政治の失敗による国際的影響、が「文明を脅かす12のリスク（12 Risks That Threaten Human Civilisation）」とされており、以下これらに触れる形で私が思うところを簡潔に申し上げたいと思います。

まず、日本人の誰もが気付いているであろうリスクは、例えば日本が段々と亜熱帯化しているのではないかということです。「異例の5月台風」が本土に接近するとか、ある地域

で集中的にスコールの如く雨が降るとか、猛暑日が記録的に長く続くとかと、完全に気候変化が可笑しくなっているような気がします。これがＣＯ２に因る問題とする人や「太陽黒点説」だとか「恐竜の絶滅以来の第６の大絶滅時代」にあると言う人もいて、上記した極端な気候変化という部分で私は不安に思う部分があります。

また、昨年よりの「西アフリカエボラ出血熱流行」だけでなく、それ以前に世界的大問題となった「ＳＡＲＳ（重症急性呼吸器症候群）」あるいは「鳥インフルエンザ」等々の病気が我々の身近な記憶に残っており、世界規模のパンデミックも私は非常に憂慮していま す。

結局こうした脅威に対しては、人間が持っている本来の免疫力を高めて行かねばならないわけで、この部分で我々のＡＬＡ（5-アミノレブリン酸）が何某《いくばく》かの貢献が出来るのではと考えています。世界人類の健康維持・増進に直接貢献できる可能性があると思い、私はこのＡＬＡ事業に一生懸命に挑んでいます。

さらに、大規模な火山噴火あるいは巨大地震のリスクで言えば、御承知のように、昨今ネパールで巨大地震が発生しました。我が国に限って見ても、死傷者を多数出した昨年９月の御嶽山噴火、そして今「箱根山火山活動」で大分騒ぎ出されるようなっており、さらに阪神・淡路大震災（1995年）から、あの3・11（2011年）、そして次の大地震発生のリスクが、関東を中心とする各地域において懸念されるような状況です。

地震エネルギーの蓄積というのは大体80年から100年くらいの間に出て来る可能性があり、1923年9月に起こった関東大震災から見るにエネルギーがかなり溜まっているのではと心配しています。

▼イスラム国・北朝鮮

最後に2点だけ、政治の失敗による国際的影響（および核戦争）という意味で注視されるべきは、第一に昨年6月末より国家樹立宣言をし、世界にその勢力拡大を図る「イスラム国」（スンニ派過激派組織）の各種テロリズム事案等の動向とアフガニスタン・イラン・イラクあるいはシリア・イエメン等々と、このイスラミックの国々で起こっている戦争です。

これは、先月のブログでも『将来起こり得る世界のビックイベント』の一つに関連させたものですが、この地政学的リスクを含んだイスラム諸国の動向次第で世界にどういうリパーカッションが起こって行くのか、私は非常に危惧しています。

そして、第二には先日も述べた不安定化する北朝鮮が挙げられ、最近も玄永哲《ヒョンヨンチョル》・人民武力相（国防相）が処刑されたとの情報が5月中旬、韓国の情報機関である国家情報院によって公表された一方で、その後一部では玄永哲の姿が北朝鮮のテレビ映像物に依然として出てくるという点が指摘されています。

実際どうなのか、私には知る由もありませんが、唯一つ言い得るのは金日成→金正日→金正恩と三代続く彼の国は言わば「売り家」であるということです。共産主義国としての東欧諸国が崩壊に至るまで大体70年掛かりましたが、その観点から言うと「朝鮮戦争休戦協定」締結より60年超が経過しています。

物事の移り変わりというものは大体60年から70年となっており、内部崩壊の形で民衆割拠に因るものか、はたまた軍事的衝突に因るものかは分かりかねますが、上記東欧諸国の如く近い将来、この北朝鮮も崩壊して行くことになると思っています。世界そして日本は、国家統治能力のない子供のような金正恩を指導者とするこの核保有国が、今後如何なる展開を見せるかを注視し、どう処して行くべきかを考える必要に迫られています。

本日のＮＨＫ『NEWS WEB』記事にも、「北朝鮮は弾道ミサイルを水中の潜水艦から発射する実験に成功したと主張するなど、今月に入ってミサイル開発の進展を強調して」いるとありましたが、この恐ろしい国家の暴発に対し不安に駆られる部分があります。

憲法違反の「戦争法案」の可決成立を前にして

（2015年9月17日）

▼戦争法案等のレッテル貼り

2ヶ月前の27日、参院本会議で審議入りした「今国会最大の焦点である安全保障関連法案を巡り、（中略）与党は参院平和安全法制特別委員会で締めくくり総括質疑をした後、採決する構え。17日の参院本会議で成立を目指す（中略）。民主、維新、共産、社民、生活の野党5党の党首らは16日、参院への首相や関係閣僚の問責決議案、衆院への内閣不信任決議案の提出など、あらゆる手段を使い成立を阻止することで一致した」と報じられています。

衆院での可決が大幅に遅れた上、参院での審議も一部野党やマスコミの「戦争法案」「徴兵制が敷かれる」といった類のレッテル貼りによる反対世論の増幅によって、会期末の27日が迫る現況でも「法案にまだ支持が広がっていないのは事実」です。『致知』２０１５年10月号の「激変する国際情勢に日本はどう対処していくか」で森本敏・元防衛大臣も書かれているように、ロシア・「中国の一方的な力による現状変更」のリスク、北朝鮮により突如とした「予期できない事態が起こる可能性」、「国家間の正規紛争と非国家主体による非正規戦が混在」した今日の紛争、あるいは「アメリカの軍事力の変化が国際情勢に与える影響」等々に対し、我々はきちんとした認識を持たねばなりません。

森本氏も上記に続けて「もはやアメリカに守ってもらうだけで自国や地域の安全を維持できる時代が終わりつつある」とか「自分の国さえよければいい、自分の家さえ戸締りをしていれば、平和に安穏と暮らしていけるというような時代は終わりつつある」と言われていますが、これまさに御指摘の通りだと思います。

当該法案を巡っては、「憲法違反だ！」と散々喚《わめ》きに喚かれた挙句、衆院を通過して参院審議に移った後も、共産党が「独自入手した」とされる①「統幕内部資料」問題（陸海空自衛隊の一体運用を担う統合幕僚監部が、法案成立を前提とした部隊運用などの内部資料を作成していた問題）、および②「統幕長会談資料」問題（河野克俊・統合幕僚長が昨年末の訪米時、米陸軍参謀総長との会談で安保関連法案について「来年夏までには終了すると考えている」

と述べたとされる問題）が、この8月・9月にフォーカスされたりする時もありました。

上記2点に関しては例えば、①「組織の中では上司がやろうとしていることが円滑に出来るように、部下が予め準備をするのは当然だ」、②「予測を述べて何故悪いのか。自衛官に対する言論弾圧だ」、と第二十九代航空幕僚長・田母神俊雄さんもツイートされていましたが、「（軍事に対する政治の優先を意味する）シビリアンコントロール（文民統制）上の問題」など関係なく、ピント外れも甚だしいというより他ありません。

そもそも、憲法改正が悲願だとずっと言い続けてきた安倍晋三さんに絶大な権力を国民が付与したわけですから、今回の安保法案は当然の成り行きという以外の何ものでもないわけです。あれだけ自民が大勝した投票結果にもかかわらず、今時分になって反対したところで時既に遅しであって、何を今さら「強行採決反対」「戦争法案今すぐ廃案」などと喚き散らしているのかと思います。

▼世界の常識、日本の非常識

池田信夫さんも先月24日「野党は『自衛隊廃止法案』を出せ」と題したブログ冒頭で、「自民党が集団的自衛権の行使を容認することは、昨年12月の選挙公約には明確に書かれていた。なぜなら、それは7月にすでに閣議決定されていたからだ。これに対して野党も公約でそれに反対し、与党が圧勝したのだから、民主制のルールでは『国民は集団的自衛権の行使を認めた』と考えるのが当然だ。今ごろ野党や学生が騒ぎ出したのは、自民党が参考人として呼んだ長谷部恭男氏が『安保法案は違憲だ』と証言したアクシデントが原因だ」と指摘されています。

この池田さんは今月12日「いまシールズとか何とかいうデモに参加している学生は『自分は安全保障を理解できないバカだ』と宣伝していることを自覚したほうがいい。かつての全共闘の学生は逮捕されたり退学したりして人生を棒に振った」とツイートされていましたが、こうしたくだらないやり方での意思表示ではなく投票行動でやるべきでしょう。

この憲法違反の「安全保障関連法案の審議を優先するため、重要法案の審議に影響が及んだ」格好となり、「通常国会として過去最長の245日の会期幅となった今国会で、政府提出法案の成立率は最終的に8割台にとどまりそうだ。昨年の通常国会の97・5%から大幅に低下する」との残念な報道もありました。

一昨日ネットでニュースを見てみても、中国に関しては「南シナ海に3本目の滑走路を建設か」や東シナ海での「ガス田開発、4基で進行」と我が国の生命線シーレーン（東・

南シナ海依存率―総貿易量：50%超、原油：85%超、LNG：65%超）を脅かし続ける、その野心的拡張主義が垣間見られ、また北朝鮮は「長距離弾道ミサイル発射の可能性を示唆したのに続き、15日には北西部・寧辺《ニョンビョン》の核施設がすべて稼働したと表明」したようです。この集団的自衛権の行使容認などという中韓を除く世界の常識になっていることで、これ程までに政治的エネルギーを向かわせて重要法案がどれだけ犠牲になったのかと思うと、本当に情けない気持ちがしてきます。

先月11日のブログでも述べたように、中韓以外の国々は未来志向で戦後70年の平和国家としての我国の歩みを評価しているわけであって、成立間近の平和安全法制についても例えば東南アジア諸国は「世界平和維持のため、正しい役割を果たす機会になる」とか、「日本が地域の大国として、アジア太平洋地域や世界の平和と安定に向けて引き続き積極的に貢献することを望む」等と「おおむね『支持』を表明している」のです。

日本人の多くが認識せねばならないのは、この憲法解釈にしろ何しろ、そうした世界の常識を鑑みずに、日本の常識（世界の非常識）で以て、国の将来を左右する重要課題に対すると、極めて間違った判断になってしまうということです。

上記法案は、誰がどう読んでみても憲法違反との指摘を受け得るものでしょうが、それは解釈の問題であって法文的な解釈だけでなく、現在そして将来を見据えた上でどう在るべきかを勘案し、情勢判断を下して行くのが、正しい考え方だと思います。

先々月20日、民主党衆議院議員の長島昭久さんも「自衛隊は違憲で今回の閣議決定も違憲という学者は筋が通っている。自衛隊は合憲としながら、閣議決定は立憲主義に反するとか違憲だとか言ってる学者は、ご都合主義の極みだと思います」とツイートされていましたが、私も全く同感です。

現下未だ以て憲法違反だと叫んでいる人は、この軍隊と言って然るべき自衛隊を創設し軍備増強を図り続けてきたという事実、あるいは半世紀も前に「非核三原則」が破られているという厳然たる事実、を前に「憲法違反だ！」と言ってもっと大騒ぎされたら如何でしょうか。

ＡＩＩＢ不参加を評する

（２０１５年３月31日）

▼参加見送りは正しい判断

連日報じられているように、本日アジアインフラ投資銀行（ＡＩＩＢ：Asian Infrastructure Investment Bank）の創設メンバーとしての参加期限を迎え、日本は参加見送りの方針を明らかにしました。

これまでこの３月末という期限に向け、「英国以下の欧州主要国が雪崩を打って参加を表明したほか、Ｇ７の一員のカナダをはじめ、韓国やオーストラリアも参加を表明」し、既に40カ国超が参加申請を行っていました。

私としては、安倍首相が「焦って入る必要はない。中国のガバナンスを確かめてから考える」と述べられていたとの報道の通り、今回の政府の対応で良かったのではないかと思っています。

ＡＩＩＢ参加の条件として日本政府は、「①公平なガバナンスが確保されているか。特に加盟国を代表する理事会がきちんと審査・個別案件の承認をすること、②債務の持続可能性や環境社会に対する影響への配慮がきちんと行われること」を考えているようです。

私はＡＩＩＢ等の国際金融機関が設立されること自体には反対でもありませんし、アジアのためになるならば大いにやったら良いとは思いますが、同時に運営体制における十分な審査機能やチェック機能、とりわけ意思決定に際しての透明性・公平性・妥当性の担保は、極めて重要な問題であると思っています。

ＡＩＩＢは中国主導の構想で、あまり透明性があるとは思えず「圧倒的な力を持つ中国がその立場を利用し、もっぱら自国の利益を追求することがないかが懸念され」ているわけで、やはり日本の拠出金が無駄に使われたならば大変なことになりますから、高い水準のガバナンスの有無をきちっと検証した後に、参加態度を明らかにすべき話だと思います。

また、米日が主導するアジア開発銀行（ＡＤＢ：Asian Development Bank）との在り方に関して、先週水曜日ＡＤＢの中尾武彦総裁は「ＡＤＢがＡＩＩＢに敵対するというオプションはあり得ない」と言われ、「条件が合えば協調融資を検討する考えを明らかにする一方、ＡＤＢの環境や人権に配慮した融資基準については引き下げない方針」を示されました。

総裁の言葉を借りて言うならば、日本としてはまず第一に１９６６年の設立より「歴史の中で築いてきた信頼と条件」を有するＡＤＢがある以上、ＡＩＩＢにお金を出すというのでなくむしろ必要に応じてＡＤＢにそれを入れたら良いと思います。

毎日新聞の記事で昨日、「アジアでは２０２０年まで年７０００億ドル（約84兆円）超のインフラ需要があるとされるが、ＡＤＢが融資や無償資金支援などに使えるのは年１３０億ドル前後。それでも、世銀やＡＤＢを大幅に強化しようとする機運は高まらない」との指摘もありましたが、仮にそうであるならば、初代より歴代総裁を輩出してきた日本がその体制強化にイニシアチブを発揮すべき時でありましょう。

もちろん、米日主導・中国主導という中で何らかの違いを際立たせＡＤＢ・ＡＩＩＢ共に存立して行くのも良いですし、場合によっては提携ということも将来あって良いでしょうが、いずれにしても期限を切られ慌てふためいて、不透明な組織への参加決定を行うべきではありません。

「18歳選挙権」に思う

（２０１５年３月26日）

▼若者の政治参加の活発化へ

昨年のこの時期は、「『憲法改正国民投票の投票権年齢』について」与野党協議が大詰めを迎え、結局その3か月後「法施行から4年後に『20歳以上』から『18歳以上』に引き下げ」という、ややこしい形での決着を見ることとなりました。

そして、この改正国民投票法の「附則」には、「国は、この法律の施行後速やかに、年齢満十八年以上満二十年未満の者が国政選挙に参加することができること等となるよう（中略）、公職選挙法（昭和二十五年法律第百号）、民法（明治二十九年法律第八十九号）その他の法令の規定について検討を加え、必要な法制上の措置を講ずるものとする」と書かれました。

今国会での成立が見込まれる公職選挙法改正案は「18歳選挙権」を実現するものであって、上記の課題を解決し、若者が政治、社会、そして自分自身に対して責任を持つべく前進を促すためであります。

18歳への引き下げに関しては、昨今さまざまな機関が世論調査を行っており、例えば日本経済新聞社の調査では「50歳代で賛成が46%と反対の48%を下回ったのを除き、全ての年代で賛成が反対を上回った。20~30歳代では賛成が51%、反対が36%だった」ようです。

直近の衆院選（第47回）および参院選（第23回）の20代・30代の投票率を見てみれば、前者が32・58%、42・09%（全体52・66%―戦後最低）、後者が33・37%、43・78%（全体52・61%―戦後ワースト3）と、とりわけ若年層における選挙権の不行使が大変な問題となっています。

諸外国とは対照的に日本の若者の大多数には、選挙無関心・政治無関心といった状況があり、これはそれだけ平和と安定が保たれてきた結果だということかもしれませんが、私には余りにも民主主義というものの有り難さを分かっていないのではと感じられます。

歴史を振り返って見れば、今から126年前に発布された大日本帝国憲法下においては所得制限が設けられ、しかも男性のみが参政権を有するという状況でした。それゆえ女性達が参政権獲得のためにどれだけの運動を展開してきたのかに思いを馳せ、一票を行使しないことはある意味自らが民主主義を否定することに繋がる、というぐらいの意識をそれぞれが持つべきではないかと思います。

その昔は、「一人前の男として重要な責任と義務を負い、社会の仲間入りを果たす年令を意味」する「元服」は15歳であり、その歳で戦場で命を落とし、短い生涯を終えることになった若者も多くいました。

また、世界を見渡せば約9割が「18歳選挙権」を常識として当たり前に認めており、16歳から認めているブラジルやオーストリアのような国もあるわけで、18歳と言えば大人も大人で、選挙権を有していない現況こそが世界の非常識だと知るべきです。

私のような60歳を超えた人間ではなく、まさに今若い人達が如何なる将来社会を望むのか、将来社会がどうあって欲しいと思うかといったことを真剣に考え、参政権をきちっと行使し民主主義の政治に参加することが必要だと思います。

そしてそれは自身がいずれ迎える将来に大きな影響を与えることだと強く意識して貰い、245万人超と言われる18歳・19歳の新有権者が若い世代の政治参加を活発化する一つの推進力になればと願う次第です。

「正社員はいらない」か？

（２０１５年２月４日）

▼孫子の言う「道」

『朝まで生テレビ！』の「戦後70年・元旦スペシャル」で竹中平蔵・慶應義塾大学教授は、「同一労働・同一賃金であれば、正社員をなくしましょうって、やっぱり言わなきゃいけない」と、「労働者派遣法改正案」の是非を問う議論の中で発言されました。

先月27日発売の『経済界』にも「『正社員はいらない』竹中発言は暴論か⁉」という記事がありましたが、一つの文脈において発せられた上記につき、本ブログでは以下私の考え方を端的に述べて行きたいと思います。

『孫子』冒頭の始計篇に、「道とは、民をして上と意を同じくせしむるなり」、「天とは、陰陽・寒暑・時制なり」、「地とは、遠近・険易・広狭・死生なり」、「将とは、智・信・仁・勇・厳なり」、「法とは、曲制・官道・主用なり」とあります。

この「道・天・地・将・法」は「五事」と言われるもので、これに関して例えば倉本長治著『孫子と商法』（商業界）には、「事を起こすに当たって、自分自身の立場や所信などうか、部下やその組織や制度は整っているのか如何。その己の問題こそ根本だということである」との記述があります。

このそれぞれを一言で言えば、「天」とは時間的条件、「地」とは地理的条件、「将」とは将軍の器量、「法」とは軍政に関する条件、ということですが、私は「道」こそが、五事の中でも最も大事だと考えています。

道とはすなわち「下々の人間を上に立つ者と一心同体にさせる理念」であり、この道の上に乗ってきちっと国を治め、部下に対してもちゃんと道を踏ませ、そして部下と共に一体感を持ってやって行かねばなりません。

例えば『Wikipedia』で傭兵というのを見ますと、「金銭などの利益により雇われ、直接に利害関係の無い戦争に参加する兵またはその集団である。（中略）傭兵は現代でも存在しており、民間軍事会社のような新しい形態の傭兵も登場している」と書かれています。また、そこには「歴史的に傭兵の雇用の困難は解雇する場合に生じる場合が多い」として、「大坂冬の陣において雇い入れた浪人の処断に難渋し、それが遠因となり大坂夏の陣を招いている」等の例も「概説」で挙げられています。

傭兵というのは昔から所詮処遇や状況如何で消えて行くかもしれないようなものであっ

て、孫子の言う「道（下々の人間を上に立つ者と一心同体にさせる理念）」の下で、一つのベクトルに従って動いて行く正社員が出来得る限り多いほうが望ましい、と企業側は考えるのではないかと思います。少なくとも、小生は経営者の端くれとしてそう思います。

『孫子』は戦に勝つべくその戦略性ももちろんではありますが、部下の心理・敵の心理・顧客の心理といった人の心の掴み方に関する分析、あるいはこの道のように企業が進歩・前進して行く上での大事な考え方を記した書物としても、私はかねてよりこの書を非常に評価しています。

「国語に関する世論調査」結果について

（２０１４年10月21日）

▼言葉の乱れと読書

平成７年度より文化庁が毎年実施しているもので、今回19回目となる「国語に関する世論調査」（全国16歳以上の男女対象）の結果が、先月24日に公表されました。

平成25年度においては、「社会全体の言葉や言葉の使い方について」や「人とのコミュニケーションについて」、あるいは「漢字を用いた語と外来語の意味・使い分けについて」等々、分類として7項目が設けられています。

例えば、産経新聞はその社説（2014年9月28日）で、「人と接する際、相手や場面に合わせて態度を変えようとする方か」との当該調査の問いを取り上げ、「変えようとする方だ」との回答が「60歳代の約28％などに対し、20歳代では約69％にも達した」として「若者の敬語観に感心した」と評しています。

あるいは先月26日付の読売新聞の社説冒頭では、「世間ずれ（世間を渡ってずる賢くなっている）」、「煮詰まる（議論や意見が十分に出尽くして）結論の出る状態になること」、「まんじりともせず（眠らないで）」をピックアップし、それぞれ「世の中の考えから外れている」、「（議論が行き詰まってしまって）結論が出せない状態になること」、「じっと動かないで」というような誤った使い方を多くの人がしている点が指摘されています。

そして「いずれの表現も、若い年齢層ほど誤用が多い傾向にある」と続けられています。敬語の誤用ということでは、例えば最近、「内の家内」と言うべきところを「内の奥さん」と言うような若者が結構いて、私などは少し面食らってしまいます。

つまり、「他人に対して自分の妻をいうときに用いる」家内ではなく、「他人の妻を敬っていう語」である奥さんを自分の妻に対して用いるといった具合で、愚妻という語を用いろとまでは言いませんが常識の問題として、せいぜい家内というくらいの表現が適当ではないかと思います。

事程左様に、いま相当言葉が乱れているのでは？というのが私の実感ですが、他方上記した調査結果によると、「敬語の使い方では、不適切だったり、ふさわしくなかったりする表現に気づく人が増えてきている」ようで、今後「日本人の国語に関する意識や理解」が高まることを願う次第であります。

最後にもう一つ、今回の調査では「読書について」もさまざまな観点からの問いが為され、例えば「月に一冊も本を読まない人は47・5％」といった記事が先週も火曜日にありましたが、これに関しては今年3月のブログ『「読書時間ゼロの大学生4割超」について』でも指摘したインターネット接触時間量との関係も考慮せねばなりません。

ただし、一冊の本を最初から最後まで読むということ、そしてさらに一人の研究者や一人の小説家のさまざまな本を最初から最後まで読むということによってのみ、その研究者や小説家の一つの人間性といったものを垣間見れるようになることに違いはありません。

そういう意味では、「新しい知識や情報を得られる」から読書をする（61・6％）というよりも、ネットでちょこっと齧《かじ》るだけでは得難い、その人の全人格的理解のために、一定の読書量というものは確保されるべきで、そういう読書が出来れば自分自身の人間的な成長に繋がると思います。

第2章　日本・日本人について

尊敬される日本・日本人とは

（２０１５年８月26日）

▼礼儀作法と立ち居振る舞い

「尊敬される日本とはどのような国だと思いますか」という問いに対し、ＪＲ東日本相談役の大塚陸毅さんは「生活の質を磨くことで尊敬される国になれる」等と主張されているようです。当該質問に対し私見を申し上げるとすれば、やはり国民全体の質が高まって初めて世界に尊敬されるのだと思います。

四書五経の一つに数えられる中国の古典『大学』に「修身、斉家《せいか》、治国、平天下《へいてんか》（身修まりて後、家斉《ととの》う。家斉いて後、国治まる。国治まりて後、天下平らかなり）」という言葉があります。これすなわち、天下泰平をもたらす一番基本になるものは「身を修める」ことだというのであり、まずは国民一人一人が絶えず人間力を高めるべく学び続け、自らを磨いて行かねばならないのです。

「あの国は良いなぁ」と思う時、そこには尊敬される民があります。江戸時代など、昔の日本を訪れた外国人達は、日本人の礼儀正しさや謙虚さ、立ち居振る舞いに驚きました。

日本ほどの文明国は無い、と本国に報告した人もいます。人間の本質というのは、そういった礼儀作法や立ち居振る舞い、言葉遣い等に表れるものです。かつての日本人は人間学を勉強していたがゆえ、礼が素晴らしく出来ていたわけです。武士だけでなく農民でも漁師でもそういうことが、きちっと出来ていたのです。

要するに、そういうことさえしっかり出来たらば「四海《しかい》の内《うち》は皆兄弟《みなけいてい》」（顔淵第十二の五）、世界中の人が皆兄弟になり何処の国に行っても、それで十分通用するわけです。孔子は「言忠信《げんちゅうしん》、行篤敬《こうとくけい》なれば、蛮貊《ばんぱく》の邦《くに》と雖《いえど》も行われん」（衛霊公第十五の六）、つまり「言葉が誠実であって、立ち居振る舞いがしっかりしていれば、何処へ行っても通用しますよ」と言っていますが、これはまさにその通りだと思います。

私自身も過去100か国以上の国をまわり10年間海外に住んだ経験がありますが、つくづく実感したのは、結局文化は違っても本質的な人間性は変わらないということ。英語で言えば〝Human nature does not change.〟です。「きちんとしているな」という人もいれば、「駄目だなぁ」と思う人もいます。だから基本的な礼が出来ている人に対しては、「この人はなかなか立派だ」と国違えども分かるはずです。分かる人には分かるのであって、最後に残るは人間性がどうなのか、その一点だということです。

また、さらに言うと私は、人に人命があるように、国には国命があると思っています。国命とは、その国の中にいる国民が総体として受けている命であって、それは日本人なら日本人の歴史と伝統の中に語られているはずのものです。日本が世界から尊敬される国になろうとするならば、日本の歴史・伝統を踏まえ如何なる国民性・特質を有しているかを明らかにし、その特質をますます磨いて行くという点で評価を得ねば意味がないと思います。

▼歴史を知った上で主張する

歴史（ナショナル・ヒストリー）を遡り、その歴史の中で育《はぐく》まれた「ナショナル・トラディション（国民的伝統）」に立脚し、日本は一体どのような国か、日本人とは一体如何なる民族かという「ナショナル・アイデンティティ」を国民共通の中核的基盤として確立することがまず初めになければなりません。その上で「ナショナル・インタレスト（国益）」を考えながら日本民族が世界的文脈においてどういう「ナショナル・ミッション（国民的使命）」を有しているかを常に意識して行かねばならないのです。

私は、そのようなことが出来て初めて、世界から「尊敬される日本」になると考えており、日本が真にグローバルな国になろうとするならば、それは日本が長い間培ってきた精神文化を捨て去るのでなく、むしろその精神文化を世界の平和や発展に寄与させるべく努めるべきでしょう。

大事なことは、まさに日本のナショナル・ヒストリーを知った上で日本人や日本という国、あるいは日本文化といった日本的特質を深く理解し、日本人としてどのような主張をして行くのかということです。そしてその主張を行う前に、やはり世界に視野を広げて相手国の事柄を十分に理解し得るような教養というものを身に付けなくてはなりません。

このようにグローバルな人物とは、十分な英語力や世界レベルの専門性を持つだけでなく、より基本的には自国と相手国に対する広く深い教養が求められます。さらに掘り下げて述べるならば、その人物が如何なる人生観・世界観といったものを有しているのかに尽きるのです。

そのようなものを十分に持たない人間は、たとえ英語力等に長けていたとしても、グローバルに何も通用しないとは当ブログでも常々指摘してきた通りです。我々はそれこそが重要なポイントであると確りと認識すべきだと思います。

いま自由・独立に思う

（２０１５年８月14日）

▼原爆投下という行為

私は２年程前『米国は「徳のある国」か』というブログを書きました。「東京大空襲」や「沖縄戦」、そして人類史上最初で最悪の無差別大量殺戮に繋がった民間人に対する２発もの国際法違反の原爆投下を日本に行った米国は、果たして「徳のある国」と言えるのでしょうか。

例えば、池田信夫さんは今月６日「原爆投下は必要だったのか」と題したブログの中で、米国大統領「トルーマンがスターリンの署名を拒否してポツダム宣言を出し、ソ連参戦の前に原爆を投下したのは、その前に日本を降伏させてアメリカが占領統治の主導権を握るためだった」等の指摘を行われております。

今「日本に原爆を投下した米政府の判断は正しいか、誤りか」と米国民に問うてみれば、「四十四歳以下の年齢層で『誤った判断だった』と答えた人が『正しい判断』と回答した人より多いという結果が出た」ように、圧倒的多数が「正しい」と支持する45歳以上との間で、その意識差が鮮明化しています。

本来であれば、米国は自らの残虐《ざんぎゃく》非道《ひどう》な行為自体をもっと真摯に反省すべきであって、私に言わせれば全く反省が出来ていないのではとすら思っています。何時の間にやら米国の腰巾着の如き様態を曝すように堕した日本という国は、日本人として怒るべきを忘れてしまっているのではというような気がします。

第二次世界大戦後にマッカーサーが行った占領政策は敗戦国日本を徹底的に弱体化させるための政策であり、マッカーサーが押し付けた現行憲法の中で戦後日本では、日本人が日本人の主体性を発揮し得ない状況にさせられてきたように思います。

「イラク戦争」を例に考えてみても、イラクは一貫して大量破壊兵器の保有を否定し続けていましたが、米国はそれを保有しているに違いないと一方的に決めつけて音頭を取り、日本も米国を支持し自衛隊をイラクに派遣し、英国等の国々もそれに乗っかる形でイラクに攻撃を仕掛けることになりました。

事実、イラクが大量破壊兵器を保有していればまだしも、結局それを保有していなかったというわけで、その結果大変な数の人の血が流れ続け、あれだけ国が乱れるようになり、さらには大きな宗教対立が起こって内乱が多発するような現況を生じさせました。この最大の責任は、米国以外の一体どの国に求められると言えるのでしょうか。

上記惨劇はブッシュ政権により起こされたものですが、これに限らず米国がこの世界に対しさまざまやってきた歴史的事象によって、一体誰が幸せになったのか、何が良くなったのかに関して我々は冷静に考えてみるべきです。

米国は近年になって漸《ようや》く広島・長崎を訪れる首脳陣が出てきましたが、「徳のある国」たるべく凄惨な歴史的事実を直視し、まだまだ大いに反省すべきだと思います。

▼戦いによって勝ち取られたもの

戦後70年「平和国家」としての日本を見続けてくる中で私がつくづく感じるのは、日本人の多くが何か欧米の行いは正しく、日本のそれは間違いであったかの如く、何彼に付け彼らにぺこぺこしながらその歩みを進めてきたということです。

明治維新以後、欧米同様に植民地化を進めた日本の歴史に対する私見を端的に申し上げるとすれば、日本人としてその大変な過ちに対する深い反省が求められるのは、朝日新聞の記事捏造の大罪が主因だと思われるいわゆる「慰安婦問題」というよりも、日韓併合および満州国樹立だと私自身は考えています。

他国に攻め入ってそこに傀儡政権を樹立するのももちろん悪ではありますが、より問題視されるべきは、他国に攻め入ってその日を境に東を向いて天皇陛下に御挨拶させることに始まり、日本語の使用を強要するといった類であって、これは日本として猛省すべき歴史だと思います。

「独立と自由ほど、尊いものはない」とは、植民地時代の「ベトナム革命」の指導者ホー・チ・ミンの言葉ですが、この自由と独立ということを長い歴史の中で考えてみるに、これは戦いによって勝ち得られたと言い得るものです。

例えば「アメリカ独立戦争の指導者パトリック・ヘンリーがバージニアの下院で行った演説の中の言葉」に、〝Give me liberty, or give me death〟（私に自由を与えよ、しからずんば死を与えよ）というのがあります。

「自由か死か」ということで、戦後生まれの日本人、とりわけ現代の若者達は皆、この自由を享受して生きられること、独立国として生きられることが当たり前でなく「ありがたい（有ることが非常に難しい）」ことだと噛み締めねばなりません。

欧米諸国が如何なるやり方で被植民地の人々の自由や物資、国家としての尊厳等を略奪してきたかは、オランダ植民地時代のインドネシアやフランス植民地時代のベトナムの状況等々、YouTubeでも簡単に探し出し確認することが出来ます。

あるいは大英博物館に行ってみても、かつて7つの海を支配し「英国の領土に日没することなし」と言われた時代、世界中より略奪した品々が陳列されているわけで、欧米諸国が過去どれだけ苛烈なやり方でアジア・アフリカの民を支配し、その血を流させたかにつき我々は思うべきでありましょう。

また、「民主制国家の基礎は自由である」とアリストテレスが言っていたり、ルソーが「人民の自由は、国家の健全に比例する」と述べたりもしていますが、この自由と独立ということは一国だけでなく我が身においても責任という観点から考えなければなりません。国であれば自由・独立の代償という中で世界秩序の安定に向けての責任というものがあり、個人であれば自由・独立の中で人に依存したり媚び諂《へつら》ったりせずに自分で主体性を持って、世のため人のために生きて行くという責任があるのです。

言うまでもなく、この自由と独立は極めて貴いことです。それは片方で簡単には獲得できない先人達の大変な努力の賜物《たまもの》であること、またそれは同時に責任というものが伴うことを、戦後70年を経た今を生きる我々は決して忘れてはなりません。

日本人は独立自尊たれ

（2015年7月30日）

▼押し付け憲法を持ち続ける日本

『BLOGOS』でも一昨日まで「安倍内閣を支持する？」というアンケートが実施されていましたが、これは「五大紙」の先月までの状況では「一貫して内閣支持率が不支持率を上回っていた」のであります。

ところが今月16日に安保法案の衆院通過を見て後、同月前半に出された朝日・毎日の結果同様に、日経・読売・産経の世論調査でもその逆転が起こっています。これを「想定以上の落ち込み」と受け止める自民幹部もいるようです。

一昨日より参議院では当該法案が実質審議入りしたわけですが、先月も『憲法違反の安保法案は今国会で成立すべし』と述べた通り、私として集団的自衛権の行使容認が中韓を除く世界の常識ではないかと思っています。

言うまでもなく本来どの国の人にとっても、戦争ほど悲惨で戦争ほど関わりたくないと思っているものはないわけですが、日本人は自分に都合の良いことばかりを余り考えるべきではありません。

普通の法学者は憲法の原文に照らし合わせて、その合憲性を判断するのに対し、世の現況と照らし合わせてかくあるべしといった議論は、現行憲法の改正あるいは解釈の変更という話になるでしょう。

上記法案は誰がどう読んでみても憲法違反との指摘を受け得るものでしょうが、それは解釈の問題であって法文的な解釈だけでなく、現在そして将来を見据えた上でどう在るべきかを勘案し、情勢判断を下して行くのが正しい考え方だと思います。

安倍晋三首相も支持率云々は関係なしに、御自身の信念を堂々と貫かれて正しいと信じる道を大いに進まれたら良く、私が見るに今回世に明らかとなったのは憲法学者が如何に情けない存在かということだと思います。

日本はこれまで、第二次世界大戦の敗戦の結果として、進駐軍にある意味押し付けられた今の憲法、言わば「マッカーサー押し付け憲法」を金科玉条の如く大事に持ち続けてきたわけですが、良い所ももちろんあるにしろ、時代の変化に鑑み時代錯誤の様相が顕著になってくる中、私には後生大事にそれを守り続けて行くことに何ら意味を見出せません。

同じ敗戦国のドイツは独立後、自らの憲法を主体的に創ったわけで、戦後70年を迎えた今、日本人が日本人の主体性を大いに発揮すべく現況に照らし合わせ、今後の国家百年の計を立てた上で、自らの力で自らの国を守るという国民意識の高揚を図り、憲法改正に踏み切るべきタイミングに差し掛かっているのではないかと私は思います。

共産主義国としての東欧諸国が崩壊に至るまで大体70年掛かったように、物事の移り変わりというものは大体60年から70年を一つの区切りとしています。そしてその変わり方はいずれのケースでも主体性を取り戻すということであって、大きく変化し続けるこの世界環境において、制定後50年以上を経ても尚不変であり続けるべき憲法など有り得ないものだと思います。

▼独立自尊の気概

マルクス主義の史的唯物論の基本的概念にある上部構造とは、「社会の経済的土台（下部構造）の上に形成される政治・法律・宗教・道徳・芸術などの意識形態（イデオロギー）と、それに対応する制度・組織。下部構造による制約を受けるとともに反作用を及ぼすとされる」とされています。

この下部構造である経済的土台がグローバルに激変して行っているにもかかわらず、それに規定される上部構造の一つ、施行から68年目を迎えた日本国憲法が変わらずに済むはずもなく、「国のかたち」を決める一番の基になる憲法ですら一刻も早く思いきって変えるべきタイミングだと思います。

例えば中国の中華思想というのは、まさに中華という真中に咲く華であり世界の支配者であって周りは九夷《きゅうい》（九つの野蛮国）であるとするもので、この思想は革命で王朝が変わっても、何千年もの間この国で受け継がれているのです。

したがって日中間で未だ対立続く領有権の問題等に関し、日本が幾ら自国の主張を続けてみたところで、そういう民族である以上そう簡単には変わり得ないこと、そして両国間での偶発的な戦闘的行動が何時何時《いつなんどき》なされるかも知れぬことを我々日本人はきちっと認識しておくべきでしょう。

不幸にも仮にその時が訪れたとして、何ゆえ米国は日本のため中国と戦ってまで自国民の血を流すかと考えると、私に言わせれば国の防衛とはそんな甘いものでなく、米国も何が何でも日本を守り抜こうなどと思ってはいないはずです。米国が絶対助けてくれると信じる日本人がいるとすれば、もはや本当の御人好しと言わざるを得ません。

国防と言ったら日本は米国べったりの依存体制で、依存するがゆえ何時まで経っても米国に媚び諂う情けない状況を続けねばならないのです。一国の憲法を創るに当たって一番の精神として在らねばならぬは、我々がこの国を自分達で守り抜いて行くという強い意志、そうして守り抜いて行くため、基本どうすべきかということです。

また、さらにはこの国を自分達で守り抜くと言っても、それは領土だけを指しているのではなく、この国の歴史・文化・伝統といったもののすべてを自らの力で守り抜き、将来にそれらを継承して行くということです。

日本、そして日本人を如何にして行くかという中で、戦後日本が忘れてきてしまった日本的道徳や他の日本人的特性あるいは日本人の伝統や文化的遺産といったものを、今一度甦《よみがえ》らせようとしている安倍内閣を私は当該観点より一貫して評価しています。

今月9日、CSIS（戦略国際問題研究所：Center for Strategic and International Studies）主催シンポジウムの挨拶で安倍首相は、「日本の近代史は、明治から開戦までが70年余、そして敗戦から今日までが70年です。これから戦後の方が長くなります。私は、戦後70年の日本の歩みを誇りに思います」と言われたようです。

この戦後70年という節目にあって「独立自尊」の思想が皆無の現行憲法の異常性につき、今後日本は如何に処すべきかが問われています。日本人が自らの国土と自らの国民は自らの軍隊で守るという独立自尊の気概を断固として持つことが、まさに今求められているのではないでしょうか。

群抜く日本企業の長寿力

（2015年7月3日）

▼千年以上の長寿会社が19社

3年程前に私は『「長寿企業大国にっぽん」のこれまでとこれから』というブログを書きましたが、今年に入って『致知』の2月号・4月号・6月号に関連する記述が載っていました。

日本にあると言われる約六百万社の企業の中で「百年以上続く老舗企業は約一万五千二百社」（0・25％）で、さらには「二百年以上続いている会社が三千社」、「五百年以上続いてきた会社は百二十四社」、「千年以上というのも十九社」あるようです。

また、2008年に韓国銀行がまとめた報告書に拠れば、「二百年以上の老舗企業は世界四十一か国で五千五百八十六社が確認されて」いるとのことで、その56％をも占める日本は「世界に最たる老舗大国」です。

例えば1917年設立の野田醤油（現在のキッコーマン）を考えてみるに、醤油というのは非常に日本的なもので醤油なしに日本食は語り得ず、概して不変性を有しているとも思われる日本人の嗜好がため、当該企業はずっと残り続けているのだと思います。ただし、食生活というものが段々グローバルになってくると、こうした嗜好品ですら取って代わられ得るという認識は持つべきでありましょう。キッコーマン自体は1950年代より醤油の国際化に取り組んでいます。

次に三越の歴史を見るに「1673年、創始者三井高利八郎兵衛は（中略）9尺間口（約3ｍ）の呉服店『越後屋』を開き（中略）明治に入り、三井呉服店、三越呉服店と変遷し、1904年、専務日比翁助のもと、『デパートメント宣言』を行い、三越は日本初の百貨店となり」、そして近年も伊勢丹とくっつく等、時代と共にその移り変わりが見られます。ただし、物品を便利に買うことが出来る場所、手に取って見ることが出来る場所というのは、なかなか無くなっては行かないと思います。

あるいは「現在は国宝、重要文化財の復元、修理を始めとした寺社仏閣の新築、改修や古い木造建築の移築や復元も手掛けて」おり、世界最古１４３０年の歴史を有する金剛組という会社があります。刀根健一社長は上記雑誌のインタビュー記事でも、「金剛組が千年以上の歴史を通じて守り続けてきた世界に誇れる技術（中略）、宮大工の伝統技術を継承していきたいですね」と言われています。人間の修練等に基づく経験値というものが一つの技術として代々受け継がれて行っており、一般企業では同じようには行かないことだと思います。

歴史を遡って見れば昔から日本は、外来文化を積極的に受容する国際化の時代（飛鳥・白鳳・天平の唐風文化の時代等）と、受容した外来文化を在来の文化と融合し変容する国粋化の時代（平安時代の国風文化の時代等）を繰り返してきました。その中で外来文化と在来文化の融合・調和を進めて、優れた民族文化・日本文明を形成してき、まさに日本独自の文化が華開いてきたのです。金剛組などはそうした中で育ち、またその技術を継承してきたのでしょう。

また、競り市がネットオークションに、幌馬車が蒸気機関車に発展して行くといった具合に、より効率的な社会生活が営まれるよう技術変化が起こる中で、その進歩に遅れる企業は当然滅んで行くことになるでしょう。

▼一生懸命に働く国民性

冒頭挙げたブログでも述べたように、なぜ「日本の企業の長寿力は世界の中でも群を抜く」のかに関してはさまざまな観点から色々な要因が挙げられますが、その一つに四海に囲まれた日本という島国では、長い間鎖国も続けられ、他国の侵略といった外圧をほとんど受けなかったということがあるのだと思います。

すなわち、早くから外敵の侵入に遭うこともなく、内国に因るものでしか競争状況が生じていなかったとか、あるいは総じて戦乱戦火に巻き込まれることがなかったというのが、大きな理由の一つではないかと私は思います。

とりわけ江戸時代の鎖国期は、外来文化の刺激を閉ざし技術変化が余り起こらなかった時期ですが、片一方で日本人特有の文化というのがその時代発達していたのだと思います。その当時、日本人の文化水準は非常に高く識字率は世界一と言える程で、多くの人が読み書き算盤が出来ました。当時の数学レベルも世界レベルと比しても非常に高いものがあり、日本の和算なども高度な数学を発達させていた一つの証左だと言えましょう。

そして明治時代、西洋列強に追いつけ追い越せという中で次から次に外来文化が入って来て、老舗といえども時代の流れの中で、多くの企業が潰れて行かざるを得ないようなケースになったのだと思います。

最後に江戸時代にフォーカスしてもう一つだけ、いわゆる「石門心学」の創始者である石田梅岩先生を中心に商行為の正当性を説き、商人社会に商人道というものが示されたとか、「心田」を開拓すること、荒れた農地を開墾して行くことの二つを生涯の使命とした二宮尊徳翁が農業分野においても徳の重要性を説かれたように、そうした偉人の努力の甲斐もあって勤勉に一生懸命働くということが、日本人にはある意味当たり前のこととして受け入れられてきたことも大きな理由だと考えています。

つまり、働くというのは傍《はた》を楽にすることであり、奉公というのは公に奉ずることであり、そしてまた「仕」も「事」も仕えると読むように仕事というのは天に仕えることである、といった一つの仕事の道徳と言い得るものが長い間日本に根付いてきたことが、日本企業が世界を圧倒して長寿力を有している重要な要因だと思います。

日本の素晴らしさとは「日本人そのもの」である

（２０１４年11月14日）

▼他国では経験し得ない民族特性

２００８年より森記念財団都市戦略研究所が毎年更新している「世界の都市総合力ランキング」（Global Power City Index：ＧＰＣＩ）ですが、本年も先月９日発表され「東京は昨年に引き続き総合ランキングにおいて４位」となりました。

これは「世界を代表する主要40都市を選定し、都市の力を表す主要な６分野（経済、研究・開発、文化・交流、居住、環境、交通・アクセス）と、さらに現代の都市活動を牽引する４つのグローバル・アクター（『経営者』『研究者』『アーティスト』『観光客』）ならびに都市の『生活者』という５つのアクターの視点に基づき、複眼的に都市の総合力を評価している」ものですが、東京はこの２０１４年版で２０１３年の大幅な「外国人旅行者数の増加により文化・交流分野でスコアを伸ばし、３位パリとの差を縮めている」という結果を得たようです。

日本のホテルやレストランで熱いおしぼりが提供されるなど、他国では味わえないユニークな持て成し方・心遣いに外国人が気付くということ、あるいは四季折々のものを愛でるという日本人の伝統的習慣や日本人固有の豊かな感性に彼らが触れるということ――日本人に残っているDNA換言すれば日本的な民族特性といった他国では経験し得ないものを得ることが出来る、という側面もあるのだろうと思います。

例えば、昨年12月ユネスコ『無形文化遺産に登録された「和食　日本人の伝統的な食文化」の認定書を10日までに、ユネスコのイリナ・ボコバ事務局長が、下村博文文部科学相に手渡した』というニュースが今週月曜日にもありましたが、日本人の持つ繊細さは日本食の中にも現れています。

今であれば、秋に相応しい絵柄の器に四季を感じさせるような紅葉を添えて出してくる、というふうに自然の美しさや四季の移ろいを表現すべく、我々日本人は季節の花や葉などで料理を飾りつけたり、季節に合った調度品や器を利用したりして、季節感を楽しむといった具合です。

日本政府観光局理事長の松山良一氏はある雑誌記事で、「日本の素晴らしさをひとつ挙げるとしたら何でしょうか」との質問に対し、「日本人、日本人そのものですね」と答えられていますが、私の経験上そうした日本的な民族特性とも言われるような木目細かさをアプリシエイトする外国人は非常に多く、また日本に何年か住んだ経験を有する外国人の多くが日本好きであるように思います。

ただし、より長いスパンで外国人が日本で生活して行くという場合、彼らにとって日本が働いたり学んだり住みたくなるような魅力的な国であるかが大事になりますから、これまでのように日本人が島国の中で、日本人だけで暮らして行くこと・日本人だけを相手にビジネスをして行くことが出来ないこの時代、そうした改善努力はマストであります。

日本の留学生受け入れ態勢がどの程度整備されており彼らに対してどれだけの配慮がなされているのかに関し、私はかつて当ブログでも「寮や安アパートといったようなものが公的機関の支援により外国人留学生に提供されるというようなことはほとんどなされてはいませんし、病院に行ってみても言語的障壁により医師と患者とのコミュニケーションが十分に行い得ないというような状況もある」と指摘したことがあります。

こうした問題は何も留学生に限ったものでなく、企業が優秀な人材を海外から確保し、日本全体の外国人ビジネスマンを増やそうとする上でも同様の課題が浮かび上がってくるものと思われ、長期滞在でよりフォーカスされるこの言語・医療あるいは住環境等も含め日本は変わって行かねばならないのです（もっとも、医療水準が高いという意味では日本は非常に良い国だとは思いますが…)。

「日本国宝展」を拝見して

(2014年10月15日)

▼運慶と快慶の童子立像

昨日、東京国立博物館での国宝特別内覧会に参り、さまざまな国宝を1時間弱拝見してきました。東京での国宝展の開催は1960年、1990年、2000年に続いて今回が14年ぶりの4回目であり、日本の国宝全体の11%強、約120件の国宝が出展されていると聞いており、こうした機会に巡り合ったということを私は非常に喜んでおります。

今回拝見し、まさに時空を超えて人の魂を揺さぶる最高度の美しさや品格の高さに圧倒されました。学生時代に読んだ和辻哲郎が彼の名著『古寺巡礼』の中で、薬師如来等を絶賛していたのを思い出しました。

今回私が東京奉讃会の会長を仰せ付かっている、安倍文殊院《あべもんじゅいん》から出展された善財童子《ぜんざいどうじ》立像《りゅうぞう》は、ポスト阿修羅との呼び声も高く、国宝展にちなんださまざまな雑誌の表紙を飾っています。阿修羅立像はインドのヒンドゥーの太陽神を形取ったものとされ、奈良の興福寺にあります。

聞くところによりますと、仏教彫刻の国宝は日本全体で128件、内奈良に70件、京都に37件あるそうです。安倍文殊院の国宝は、御本尊の騎獅文殊菩薩像《きしもんじゅぼさつぞう》および善財童子立像を含む脇侍《きょうじ》4点が昨年国宝に指定され、この128件のうち、最も新しいものであります。安倍文殊院国宝のうち維摩居士立像《ゆいまこじりゅうぞう》を除いては、運慶と並び鎌倉時代を代表する快慶の作であります。運慶の父親の康慶が両雄の師ですから、基本的には寄木造《よせぎづくり》や玉眼《ぎょくがん》といった様式は同じですし、作風も非常に近いように思います。

もっとも、両者の造った童子立像を比べると、やはり違いがかなりあるように思いました。善財童子の御顔は純で、あどけなく、穏やかであり、御姿も優美で一生懸命に悟りを得るため文殊菩薩の教導を受け、53人の善知識人を訪ねて旅をしていた様子がよく伝わってきます。他方、運慶作の童子は厳しい顔立ちで、姿も筋骨が逞しいようです。贔屓目かもしれませんが、童子立像に関する限り、私には快慶がベターに思えました。

▼日中友好の祖、安倍仲麻呂と鑑真

さて、内覧会での話はここで終え、安倍文殊院に関連して最後に次の2点を申し上げたいと思います。

一つは、安倍仲麻呂に関する事柄です。仲麻呂は20歳の時に第8次遣唐使団の一員として唐に行き、大学で学んで見事、科挙の試験に合格し、官吏として唐朝廷で要職に就きました。中国名は朝衡です。しかし37歳の時、望郷の念捨て難く、当時の玄宗皇帝に日本への帰国を願い出ましたが、許されませんでした。その後、再度年老いた両親への孝養のためということで帰国を願い出、今度は許されました。

しかし運命とは皮肉なもので、船は安南（現在のベトナム）に漂着し2年後に長安に戻って、最後は今のベトナムにあたる地域の知事のような職に任命され、72歳の生涯を唐で終えたのです。まさに彼は日中友好の祖であり、国内外に大いにこの史実を情報発信すべきです。

中国の要人が訪日し京都に行くと、必ず足を延ばして奈良の鑑真大和尚の唐招提寺や中国と縁の深い東大寺を訪ねます。

これからは鑑真と並ぶ日中友好のシンボルとして、安倍仲麻呂の文殊院も訪ねるよう宣伝せねばならないと思います。文部科学省と中国政府とが音頭を取り、鑑真と安倍仲麻呂を日中友好の祖として、その偉業を偲ぶシンポジウム等、それぞれの国の高官が出席し、やってみたらどうでしょうか。

それからもう一つ、文殊院は祈祷寺であり知恵の菩薩であることから、私どもＳＢＩグループの守護本尊とさせて頂いているということです。私と文殊院さんとの、まさに仏縁でこのようなことになったのです。私どもの副社長を務め、享年57歳でこの４月16日に逝去した井土太良君や彼の御両親も、私がこうした御縁を頂く随分前から当院を何回か訪れていたそうです。

現在当院で井土君の永代供養をして頂いております。そうしたことで毎年グループの会社名を順次刻んだ灯籠を置いて頂くと共に、グループ幹部で当院を当年度から毎年12月に訪ねることを決めております。

第3章　経営および経営者を考える

鳥の目・虫の目・魚の目、先を見通す眼

（2015年8月4日）

▼未来を見通す能力

今年5月このフェイスブックに投稿した『孫正義の後継者』に対し、ある読者から「商事や物産を引き継いだ人の多くはサラリーマン社長で、それだからこそ続いたのかもしれません。（中略）創業期に大きなリスクをテイクしたら、その後はできればあまり過度なリスクを取らずに続けていく（中略）、皆、天才ではなかったかもしれないが、安定飛行するだけの優秀な人々が多かったと言えるかもしれません。如何でしょうか？」とのコメントを頂きました。

要するに「創業と守成いずれが難きや」と『貞観政要《じょうがんせいよう》』にある通り、創業には創業の難しさが、守成には守成の難しさがあるわけです。会社のステージに適したそれぞれの時代に相応しい人間が必要とされ、創業経営者の類のタイプがずっと続くのが最良かは疑問に思う部分があります。

唯一つ言い得るのは、これだけ変化が激しい時代にあって経営者に求められるのは、あ

る程度の先見力を有し、3年先5年先の見通しが後追いでほとんど正しかったと、結果証明されて行くようでなければならないということです。

したがって、リスクを取る取らぬというよりも、ある程度の確度を持って「これをやったらこういうネガティブな展開が有り得るだろう」とか「これをやればこういうふうに物事は進展して行くのでは」といったある種の読みがきちっと出来る、言うなれば未来を認識する能力が経営者には必須なのです。

1ヶ月程前に私どもSBIグループが大阪で主催したある講演会で、リッキービジネスソリューション株式会社代表取締役の澁谷耕一さんが興味深い話をされていました。一つはイトーヨーカ堂創業者の伊藤雅俊名誉会長より伺ったと言われる、「3つの目（鳥の目・虫の目・魚の目）」の話です。

曰く「鳥の目は、政治・経済情勢などを俯瞰するマクロ的な視野」「虫の目は精緻なミクロ目でビジネスに関して細心の配慮をすること」「魚の目は潮流を読むこと」で「その中で今一番大事なことは魚の目（中略）、そうした時代の潮流を見極める目が経営者には必要」だということです。

それからもう一つ、澁谷さんは「5つの能力」にも言及されていました。それは、文部科学大臣の下村博文さんが仰っていたと言われる「3つの能力」、①課題解決能力②無から有を生み出す能力③人間力、に澁谷さんが加えられた「2つの能力」、④情報処理力（溢れる情報の中から必要な情報を選ぶ能力）⑤未来を認識する能力、で構成されます。

この未来認識能力とは、まさに先見性ということです。私は、冒頭で掲げた御質問に関しては上記の如くリスクを取る取らないの問題として捉えるのでなく、どの時代であれ経営者には「3つの目（鳥の目・虫の目・魚の目）」を備えていることと、先を見通す眼が十分かといったことが重要かと思います。

いま日本人にチャレンジスピリットは足りてるか

（2015年6月22日）

▼鶏口牛後の気概を

経営者、しかも創業社長の場合は、恐らく日に8時間働いただけで済むという日は、年間を通じてほとんど無いのではないかと思います。すなわち、寝ている以外は会社に関する事柄を考えるのが常であり、それを出来るだけ減らさねばと思いながらも、日々さまざまなディシジョンメイキングに迫られる中で止むを得ないようになるわけです。

寝ている間ですら奥歯を噛み締めたり、歯軋《はぎし》りをしたりしている経営者も多いと聞きます。私自身もそういう時もあり、歯がぼろぼろにならぬように何時もマウスピースを嵌めて寝ています。これから解放され、好きな読書をして憂慮なく過ごせたら、どれ程幸せかどれだけ長生き出来るだろうかと思うこともしょっちゅうです。実に「任重ければ則ち責重く、責重ければ則ち憂《うれい》深し」です。

しかし、自ら会社を創って業を興し、そして数千人の社員とその家族を抱えますと、「お前ら、後は任せたぞ」と簡単に言って何もかもを忘れる気には、なかなかなれないものです。己の気力・知力・体力が未だ未だ充実していると感じる時、創業経営者の気持ちというのは多分そういうものだと思います。

これが会社を売却するというような状況があったらば、後は任せたと言えるのかもしれません。ただし他方ではまた、売却相手を選別すべく眠れぬ夜を過ごすことにもなるのだろうと思います。

『論語』の「子路第十三の二」に「有司《ゆうし》を先にし、小過を赦し、賢才を挙げよ（使用人の先頭に立って仕事を分担させ、小さな過ちは許し、優秀な人材は抜擢する）」という孔子の言葉があります。

ただ今の世を考えてみるに、孔子の時代の如く、才のみならず人物も含め、いわゆる賢才を挙げ「信用（信じて任せて用いる）」するといったことは、なかなか難しい時代になってきているのではという感がしています。

賢才を募ろうにも今日本の就職状況で、中小企業の場合はなかなか困難かもしれません。優秀な者は大体が「寄らば大樹の陰（同じ頼るならば、勢力のある人のほうがよい）」で大企業の志向であり、なかなかここのところが昔から変わってないような気がします。

その点米国などでは、「鶏口牛後《けいこうぎゅうご》（鶏口となるも牛後となるなかれ：大きな集団や組織の末端にいるより、小さくてもよいから長となって重んじられるほうがよいということ）」（『史記』）という部分が強く働いている部分がありましょう。

日本で活躍している創業社長の経歴を見てみますと、韓国人あるいは韓国人系が多いという事実が分かります。ソフトバンクの孫さん然りで、彼らは自ら起業する以外、既存の保守的な日本社会の中で十分活躍できる状況にないと判断したのだろうと思います。日本人はこのチャレンジスピリットが少し弱いのではないでしょうか。何事に対しても、もっと強く、このチャレンジスピリットを持って貫いたいと思うのです。

35年程前、私が英国ケンブリッジ大学に留学していた時分、現在のチャールズ皇太子が来校されスピーチをされたことを思い出します。その演説内容は、「かつて英国は7つの海を支配し、『英国の領土に日没することなし』と言われた時代がありました。多くの英国人エリート達がそうした新天地に向かい、それがまた英国の繁栄に繋がって行った時代です。翻って最近の若者に、このチャレンジスピリットが欠けているのではないでしょうか」との趣旨であったよう記憶しています。

（2015年6月10日）

撤退の難しさ

▼タイミングの間違い

雑誌『GOETHE』の2015年7月号に、「引き技は攻めより10倍難しく、10倍の勇気がいる」という言葉が載っていました。これは孫さんの言葉として紹介されていたものでですが、別に孫さんの言とか誰の言とか言う程のことではなく、言ってみれば常識程度の話でしょう。

前線から退くという場合、誰に殿《しんがり》を務めさせるかは、戦国時代では難題の一つでした。1570年、織田信長は朝倉義景征伐のため越前に進軍するも自身の妹、市を嫁がせた浅井長政が離反して敵方につくという事態に陥りました。

朝倉・浅井に挟撃される危機を前に信長は撤退を図ります。この時「殿、しんがりは、この猿めにお命じください」と買って出たのが、木下藤吉郎であるとはさまざまな物語で伝えられています。

何事においても退く時の決断や撤退する勇気を持つことは、非常に難しいと思います。物事はスタートするのは簡単ですが、この物事を終結させるというのはなかなか難しいものであります。

例えば、当ブログでは7年半程前に『事業の撤退について』を書きましたが、事業経営でも引き際が分からなかったケースが結構みられます。始めのうちはずっと成功し上手く行っていたがために、スローダウンすべきタイミングや引き際を間違えてしまうものです。

自社の業務はこれしかないといった具合に、そこにはもはや何ら疑う余地もなく同じ事柄をやり続け、そして引き際が分からぬまま時が過ぎ、結局がたがたになって終わらざるを得ない状況になるわけです。

変化し続けて行くこの世の中、環境はそう簡単に変えられるものでありません。だからこそ自らを変えることで、生き残ることを考えるべきでしょう。変化に対応せずには新たな変化の中で生きては行けないのです。だから自己否定・自己変革・自己進化というプロセスを続けて行かねばならないのです。

私は我がＳＢＩグループの企業理念の中に、「セルフエボリューションの継続（経済環境の変化に柔軟に適応する組織を形成し、『創意工夫』と『自己改革』を組織のＤＮＡとして組み込んだ自己進化していく企業であり続ける）」という言葉を入れています。

これは、そうした企業体質を有することが、企業の長期存続の条件として非常に大事だと考えているからです。

繰り返しになりますが、撤退という作業は物事を始めるよりも遙かに難しいことです。過去の成功体験に溺れることなく、常に自己否定し自己変革を遂げ、そして自己進化し続けて行かねばなりません。これすべて、トップはこの時世と社会を洞察し、その変化に勇気を持って応じられねばならず、それが出来ないトップであれば国であれ企業であれ末は破滅の道を辿るのです。

孫正義の後継者

（2015年5月27日）

▼会社の将来を見据えて選んだか

今月16日の朝日新聞朝刊記事「孫氏『後継候補』指名、広がる波紋」の中に、「孫氏の周りには、かつての北尾吉孝（現SBIホールディングス社長）、笠井和彦（2013年に死去）両氏のような大番頭が不在。『再考をと進言する人がいない』と幹部。（中略）頻繁に関心が変わる孫氏は、自身が熱中した領域に詳しい人材を外部から招いては、その人に入れ込む癖がある」との記述がありました。

今回の孫さんの決定を受けて、先日朝日新聞の記者よりコメントを求めるメールが私宛に届きました。このニケシュ・アローラという人は優秀であると孫さんから聞いてはいましたが、実際のところ私自身よく知らない話ですから、基本コメント出来ないと返信し、その上で「また変わるかもね」と付け加えました。というのは、何も孫さんが変わるということでなく、米国社会で生きてきている47歳の「後継者」のほうが変わるかもしれない、というニュアンスも込めての言です。

米国の企業をさまざま見ていますと、その後継者指名はある日突然といったケースが非常に多く、同国にあって今回のやり方は少し異例ではないかと思いました。もちろんスティーブ・ジョブズのように、大変な闘病生活の中で自らの寿命を悟りティム・クックを№2に据えてきたというケースはあります。

しかし、余程の病を抱えることなく未だ元気に経営を切り盛りするトップがその最中、「後継者は○○です」という言い方をしているケースは米国ではほとんど無いような気がします。これは私が米国の実情を十分知らないがゆえの見方かもしれませんが、私が知る限り少なくとも同国企業では諮問委員会の類、あるいは株主等による後継指名が通常ですから、少し違うのでは？という意味でも本件また変わるのかもと思われます。

私なども常にSBIグループの後継ということを考えており、当ブログでもかつて『君子は器ならず』（2013年4月11日）や『岡潔著「日本民族の危機」について』（2011年12月6日）等で、当該事案に言及したことがあります。当社のグローバル展開の状況如何では、必ずしも日本人で在らねばならないというふうにも思いません。

それは、ハワード・ストリンガーのソニーあるいはクリストフ・ウェバーの武田薬品等を例に挙げるまでもなく、グローバルカンパニーの場合は、外国人のトップ就任は合理的な選択肢であり、それ自体はある意味当然だとも思ってはいます。4年程前のブログ『カリスマ依存リスク』でも述べた通り私自身は、私が一線から退くべきベストなタイミングで、天は私の後継者が必ず現れるようにしてくれると考えています。

そもそも人を選ぶということは、物凄く難しい作業であって、そう簡単に短期間で結論が出る話でもないように思います。例えば「『山下跳び』と呼ばれた松下電器産業（現パナソニック）の3代目社長、山下俊彦氏による1977年の『25人抜き』」というケースもありましたし、今年に入ってはまた「三井物産が社内序列32人を飛び越えてトップに54歳という若さの安永竜夫執行役員を起用するサプライズ人事」もありました。これすなわち一企業の置かれた状況に応じては、非常に突飛かと思われる英断も求められるということです。

会社の将来を見据えた時に、時代の潮流の中でどのような人物がこれから必要とされるかということが一つあり、それから「創業と守成いずれが難きや」といった会社のステージということがもう一つあります。これは、『貞観政要《じょうがんせいよう》』にある有名な言葉です。

私は、創業には創業の難しさがありますし、守成には守成の難しさがあると思います。分かりやすい例として徳川家康を見れば、いわゆる「関ヶ原の戦い」までの家来達とそれ以後「徳川三百年」の礎を創って行く家来達とでは、当然能力・手腕の違う人間であるべきでありましょう。会社が成長期にあるのか成熟期にあるのかなど、その発展段階に応じてそれぞれ誰が適材かということになるのだと思います。

▼これからどの分野で収益を上げるか

これをソフトバンクに照らして言えば、未だ「営業利益の8割を国内の通信事業で稼ぐ現状」や「米携帯4位TモバイルUSの買収断念」、あるいは「3割強を出資する中国・アリババ集団の新規株式公開で手にした巨額な含み益」等々より、まずはこの収益・アセットにつきその現況や如何にということになります。

そしてこれから後、どういう分野で収益貢献が上がって行くのか、どういう分野で上げようとしているのか、そのための人材がどれだけマッチしているか、といったことが非常に大事になるのです。

これを私どもSBIグループに照らして言えば、第一にインターネットベースの金融生態系を構築して行くということでは、日本国内においては証券事業からスタートし、これまで多様な金融関連の事業会社を設立する中で、相互進化と相互シナジーを徹底追求してきました。

また今月1日には「SBI生命」誕生ということで、3大コア事業（証券・銀行・保険）すべてが相互シナジーを働かせ、相互進化して行く世界に類例を見ないインターネットベースの金融コングロマリットが完成し、今後それが一つのエコシステムとしてインターネットの「シンカ（深化・進化）」に伴い、さらなる発展を遂げて行くであろうと期待しています。今度は海外現地有力パートナーとの連携の下、国内で培ったノウハウを各国の状況に応じて移出し、他国におけるこの金融生態系の構築を図って行かねばと考えています。

第二に、我々SBIグループはコーポレートミッションの一つに「新産業クリエーターを目指す（21世紀の中核的産業の創造および育成を担うリーディング・カンパニーとなる）」として、New Industry Creatorということを掲げています。

これまでインターネットやバイオテクノロジー、オルタナティブエナジーやエナジーコンサベーション、あるいはアンチポリューションといったいわゆる「ポスト・インダストリアル・ソサエティ（脱工業化社会）」に相応しい新産業を興すべく、我々は投資戦略を構築し、そういう領域を中心に据えて投資を実行してきました。３年程前のブログ『なぜ日本は「新産業クリエーター」になれないのか』でも述べたように、我々は日本の成長産業の創造および育成に十分貢献してきたものと自負しています。

これら２つの主要事業分野、金融サービス事業およびアセットマネジメント事業については基本、私が余り言うことなしに、きちっと前に進んで行ける体制が既に築かれ任せられる状況です。前者に関しては、もはや放って置いても伸びて行くと思っていますし、後者に関しては上記類のサニーサイドに投資するとして、後はちょっとした目利きがあればその領域の中で良い会社を探せるだろうと思っています。そういう意味で今、私が最も力を入れているのは三本柱の残りの一つバイオ関連事業であって、これを如何に早く収益化するかに絞ってさまざまな取り組みを加速化しています。

▼３本目の柱の事業をどう育てるか

その辺りの現況は、昨日の大阪開催を最後とした今回のインフォメーションミーティングでも「準備段階から収益化のフェーズへ移行するＡＬＡ関連事業」として次の５項目、

「(ⅰ) ＳＢＩファーマは国内外90以上の研究機関と提携してきた結果、様々な分野でＡＬＡに関する基礎研究等が進展」、「(ⅱ) ＳＢＩファーマは既に国内で21件の特許を取得。海外においても順次取得中」、「(ⅲ) 国内外でＡＬＡを利用した医薬品開発のための臨床試験が進行（フェーズⅡ：3件、フェーズⅢ：1件、上市：1件)」、「(ⅳ) ＰＤＤ（光線力学診断）のために利用する2種類の医療用光源装置を開発・販売」、「(ⅴ) 現在、健康食品事業を手掛ける国内外の企業数社から技術導入の希望があり、その中から導出先を選択し、遅くとも7月初旬の決着を目指す」を挙げたりしながら御話した通りです。

考えてみれば今から7年前、２００８年4月に設立されたＳＢＩファーマという会社は僅か5年で「アラグリオ（悪性神経膠腫の経口体内診断薬)」という薬を一つ上市したわけですが、私は製薬会社の歴史上こうしたスピード事例を知りません。医薬品分野・化粧品・健康食品の三分野で今徐々に成果を出し始めているこの事業を、私自身としても私の事業の最後の集大成として捉え日々一生懸命に取り組んでいます。

当社事業についての説明が少し長くなりましたが、私どもＳＢＩグループの場合、その後継者は上記した柱となる三事業すべてにつき経営できるレベルで知っているということはマストです。

ソフトバンク孫さんの場合、そこの所をどういうふうに考えているのかが一つ大事なポイントになるでしょう。ニケシュ・アローラという人は「金融、通信キャリア、インターネットと三つの分野にまたがってそのキャリアを築いてきた、たたき上げ」のようですから、そうした分野が分かっていればそれで良いということかもしれません。あるいは未だ日本国内依存型のソフトバンクという会社の経営者として、この日本社会の中にどれだけ深く彼が浸透でき、リーダーとして皆を引っ張って行き得るかという部分もありましょう。

ただし、これに関し孫さんは「まだまだ引退するつもりはない」とされているようで、すぐにその座を明け渡すわけでなく当面両方でやって行くというのであれば、何ら問題ない部分とも言えるのかもしれません。

以上、長々と述べてきましたが今回の孫さんの決定を受け、私には「通常余りにも早い後継者指名だなぁ」という意外性がありました。私どもで言っても、当社取締役執行役員副社長を務め、享年57歳で昨年4月16日に逝去した井土太良君のように、突如としてそのNo.2を失ってしまうケースも有り得るわけです。そうした観点から考えてみても、47歳でもニケシュ・アローラが必ずしも大丈夫とは言えないでしょう。

ウォーレン・バフェットの株投資

（2015年5月25日）

▼長期的な成長を予測できる企業

私は『ウォーレン・バフェット名言 Bot』（@Buffet_Meigen）をフォローし、そのツイートを日々目にしていますが、株式投資あるいは銘柄選択に関するその考え方につき、全くその通りだと思うことがほとんどです。

ではなぜそう思うのかと考えてみるに、私は経営者として日々私自身が創り上げてきた事業を今後どうやって伸ばして行くか、如何にしてコンペティターに勝って行くかといった類ばかりを考え続けています。

他方、バフェットの場合は、それぞれの時代の変化をある意味先取りし、また時代の変化の本質を確実に捉えながら、常にそうした「長期的に伸びると予想している企業」に対し投資を続けています。

例えば、彼の言葉の一つに、「バークシャーはコカ・コーラやジレットの株主ですが、私たちはパートナーとして認識しています。投資に関する成功は、毎月の株価変動ではなく、長期的な成長で考えています」というのがあります。

バフェットにとって「今日や明日、来月に株価が上がろうが下がろうが、どうでもいい」話で、「短期的な株価変動は、魅力的な価格で株を買い増せる以外に意味のないもの」です。

一つの投資哲学の下、彼自身が信じられる会社をずっと探し続けて買い続け、そしてそれを持ち続けるということをやってきている人ですから、その考え方がまるで一緒だというふうに思うのではと感じます。

さらに言うと、投資の世界で私が非常に立派だと思うのは、このバフェットと共に60年代マンハッタンファンドを作ったジェリー・サイという人です。

彼については8年程前「200億円稼いだジェイコム男 B・N・F」さんとの対談でも触れましたが、当時未だ新興企業だったゼロックスやIBMあるいはポラロイド等を次々に買いまくり一世を風靡した男です。

ジェリー・サイの場合、その後、生保会社を買収し投資家として大成功を収めて行くわけですが、相場で儲けて事業を買い、その事業を育て上げてまた儲けてきた彼はとっくの昔にこの世を去りました。

かつて当ブログの『長期投資と短期投資について』（2007年6月11日）で指摘した通

り、投資期間を考えるにそれは、「資金的余裕があるか」「経済情勢がマクロやセミマクロの視点からみて安定しているのか」「事業内容や経営者を見て、企業の成長性があるか」等に拠って判断する必要がありましょう。

その結果、長期保有できる株であれば、長期のほうがパフォーマンスは高くなり得ると思われますし、またある会社の事業や将来性に賭けるという意味での投資であれば、やはり必然的に長期にならざるを得ないと思います。

私自身、自分で見てこれと思った会社の株を早々に売ろうとは考えません。そこに夢がありビジョンが鮮明に描かれていて、その成長可能性に対し揺るぎない自信があるならば、長期投資に越したことはないと思います。

その一勝の大きさが大事〜柳井正、孫正義、稲盛和夫〜（2015年5月12日）

▼世界的な評価を得る成功確率

先々月13日の『BLOGOS』記事「稲盛和夫氏と柳井正氏の経営スタイル」の中で筆者は、「柳井氏や永守氏はジャングルの中で道を探し、何度も迷走しながらも確実に進んでいくタイプで、稲盛氏はその荒れくれた道なき道を伐採、整地、舗装し、素晴らしい道を生み出すスタイルでありましょうか？」と述べられています。

また筆者曰く、稲盛経営によっては「いわゆる優等生はでますが、スーパーヒーローはまず排出できない仕組み」だということで、逆に柳井さんは「失敗プロジェクトが多かった代表的経営者」であるとしています。

それぞれの論者にそれぞれの見方がありますから、それはそれで別に私が否定するものでもないとは思います。しかしながらそれは少なくとも、両者を存じ上げている小生の稲盛経営や柳井経営に対する感じ方とは全く違ったものであります。

両経営者に関して私見を申し上げるとすれば、どちらの御方もリスクに対して非常に敏感であり、そしてまた、どちらの御方も「チャレンジ精神の旺盛さにおいては圧倒されるもの」があると思います。この点はソフトバンク孫さんも同じだと思います。

６年半程前に出版された『世界のビジネスを変えた 最強の経営参謀』（税務経理協会）という本の中で、「孫正義氏の戦略参謀かつソフトバンクのＣＦＯとして、数々の大型買収、提携などを手がけていた」当時の私のことが、「ソフトバンクの躍進を支えたＭ＆Ａの仕掛人」として紹介されているようですが、私は単に資金面だけを取り仕切っていたわけでなく、孫さんと一緒になってソフトバンクの経営戦略を如何にするかということから始まり、その上で資金調達をどのようにして行くのかといった面にずっと携わってきました。

孫さんの投資を例に見てみても、１９９５年ＣＦＯとして私がソフトバンクに入社して以降、ジフデービスやコムデックス、あるいはキングストンテクノロジー等々、その他孫さんが買いたいと言われた沢山のネット企業を次々買収してきたわけですが、その結果は言ってみれば惨憺《さんたん》たるものです。

しかし、ヤフーであれアリババ集団であれ当たったのは大きかったわけで、その御蔭で今日のソフトバンクがあると言っても過言ではないと思います。つまり「一勝九敗」であっても、その一勝があるということが大事であり、且つその一勝が大きいということが大事なのです。

「一勝九敗」とは1割当たるということですが、この成功確率は極めて高い数値と言えましょう。例えば、SBIインベストメントは1995年から2015年までに661社に投資を実行し、134社（20・3％）イグジットしたという輝かしいベンチャー投資実績があります（2015年4月1日時点）。

投資の世界で20・3％とは、世界的な評価を得る成功確率です。事業をやるという場合に「一勝九敗」であれば、大変難しい成功確率を達成していると言えるもので、またさらには柳井さんにしろ孫さんにしろ稲盛さんにしろ、どれだけ大なるものを創ってきたかということです。

「失敗プロジェクトが多かった」云々といった類は、彼らを語る上でほとんど無意味な観点です。それはすべて緻密な計算の上でのチャレンジであると思われ、ドタ勘でチャレンジして彼らの如く大成功を収めるなど有り得ない話です。

好況よし、不況さらによし

（２０１５年１月26日）

▼5％より30％のコストダウンが容易

昨年12月のブログ『松下幸之助さんの「観学」？に纏《まつ》わる一エピソードより』では、松下さんが物事をじっくりと観察する「観学」の姿勢を持たれているというだけでなく、工場を見学しただけで自動車産業の構造を瞬時に見抜かれた、松下さんの慧眼《けいがん》を示すエピソードに触れました。

『ネットマネー』で連載中の『資本主義の未来を見据えて「経済脳」を磨きなさい！』（第51回）では、上記よりさらに進めて書物等に幾つも残されている松下さんの慧眼を示す言葉を取り上げ論じることにしました。

その一つに、「好況よし、不況さらによし」という言葉があります。この言葉は、普通の感覚とは逆のことを言っており、分かり難い部分もあるかと思います。私流に解釈すれば、この言葉には二つの意味があると思います。

一つは、長い間には「悪いときを乗り越えなければならない時期」が必ずあるという当たり前のことです。良い時期・悪い時期と多様な経験をする中で、人は成長します。会社もやはり同じであって、悪い時もあれば当然良い時もあるわけです。

もう一つは、不況は会社にとって本物に生まれ変わるチャンスだということです。不況期には、ものやサービスが簡単に売れないため、会社として徹底的に製品やサービスの見直しを行います。会社が生き残るために身体を筋肉質にし、体力をつけて行く絶好の機会となるのです。

さらに、不況の時は普通のことをやっていても効果がありませんから、思い切った発想・新しい発想が生まれてくるようにもなります。松下さんは「かつてない困難からは、かつてない革新が生まれ、かつてない革新からは、かつてない飛躍が生まれる」とも仰っています。

困難があると必死になって考え、またその困難の程度が非常に大きいと従来の発想からの大転換が求められます。松下さんの「5％より30％のコストダウンの方が容易」という言葉も、30％のコストダウンという並大抵では成し遂げられないことをやろうとすれば、ゼロから見直さねばならず、抜本的な発想の転換が迫られるからであります。

つまりは、雑巾を絞っても一滴も出ないというのであれば、新たな方法を考えるのが自然であり、そういった機会を与えてくれるのが不況だと思います。全く別の発想でものを考えるようになりますし、それは大胆な変革になってくるのです。

知りて知らずとするは尚なり

（２０１４年12月22日）

▼上に立つ者の在り方

「上、下をみるに3年を要す。下、上をみるに3日を要す」と言われますが、上司というのは部下の仕事すべてを把握できるわけでなく、胡麻を揺られ世辞も使われますから部下に対する評価を往々にして誤ります。

『韓非子』の中に、「好を去り悪《お》を去って、群臣、素《そ》を見《あら》わす。群臣、素を見わさば、則ち人君蔽《じんくんおお》われず（君主が好悪を見せなければ、臣下はその生地《きじ》を現わす。臣下が生地を現わせば、君主は目をくらまされることがない）」という意味の言葉があります。

トップの在り方として、「喜怒を色に形《あら》わさず（喜怒哀楽の感情を顔に出さない、つまり、いつも淡々と事態に対処する)」(『三国志』)が望ましいとされるように、上に立つ者は基本的に好悪の感情を表に出してはなりません。

上記『韓非子』の中にはまた、「智を挟《さしはさ》みて問わば、則ち智《し》らざる者至《ものいた》る。深く一物《いちぶつ》を智れば、衆隠皆変《しゅういんみなへん》ず」という言葉があります。

これは、「知っているのに知らないふりをしてたずねてみると、知らなかったことまでわかってくる。一つのことを熟知すれば、かくされていたことまで明らかになってくる」という意味です。

私の場合で言いますと、例えばあらゆる会議において、自身の結論は既に得ていながら「君はどう思う?」というふうに、部下の見解を何時も聞き多面的議論が行われるよう努めています。

『老子』にも、「知りて知らずとするは尚《しょう》なり。知らずして知れりとするは病《へい》なり」とあるように、とりわけトップにあっては「知っていても知らないふりをする」ことが一つ大事なのだと思います。もちろん、「知りもしないのに知ったかぶりをする」のは重大な過ちです。

また何事によらず、上の者が最初から自己を発してしまえば、下の者は皆右へ倣《なら》えしてしまいますから、トップというのは色々な意見をじっと聞いた上で、ニュートラルな立場から最終判断を下す姿勢が常に求められるのだと思います。「おとぼけ」が一番です。

第4章　リーダーとは何か

節操がある人、節操がない人

（2015年8月25日）

▼見識を身に付けるために

如何にぶれなく正しい判断が出来るようにして行くか――そのためには昨日のブログで言及した「恒心」も必要ですが、それと共に常に的確な判断の物差しを持っていなければなりません。決まった物差しがなければ、どうしても判断はぶれてしまいます。

私があらゆる判断をする時の規矩《きく》としているのが、「信（約束を破ったり信頼を裏切るような事をしない事）」「義（正しい事を行う事）」「仁（相手の立場になって物事を考える事）」の三文字です。事に当たる時、この三文字に照らし合わせて判断すれば、軸がぶれることなく的確に対処できるのです。

これは私の判断基準でありますが、リーダーはそれぞれに確信の持てる自身の絶対的物差しを持つ必要があるでしょう。なぜならそれを持たなければ、どうしても目先の状況変化に振り回されたり、焦ったりして失敗をしかねないからです。また人材育成に当たっても、リーダーの中に確固たる基準・方針がなければ、本当に必要な人材を確保することは出来ません。

多くの人は予想外の事態が起こった時、あるいはちょっとした変化にさえ狼狽し、右往左往してその考えにぶれが生じてしまいがちです。また何らか大きな変化が生じる中で、人間というのはその本性が現れてきたりもするものです。

よく「節操がある」とか「節操がない」と言いますが、環境が変わると主義主張を簡単に変えて行く人がこの世の中には沢山います。そういう人を節操がないというのです。如何なる局面に差し掛かろうと、常時ぶれない考え方を有する人間になることが大事です。

正しい選択をするために必要な三つの識（知識・見識・胆識）のうち、見識（正しい知識を基にして物事の是非を判断して行く力）を身に付けるにはこの節操が必要なのです。節操とは、自らを貫く信条・信念と言って良いでしょう。自分の主義主張や立場を何時も明確にし、何が起ころうとそれを守り抜く態度です。

上記の通り節操のない人は、周囲の状況や意見に簡単に流されて、首尾一貫した態度が欠落して行きますから、何時まで経っても的確な判断は出来ませんし、周囲から信頼されることもありません。如何なる環境になろうとも、己が一たび正しいと信じた道を貫き通す――これが節操のある人間です。

『論語』の「陽貨第十七の十三」に、「郷原《きょうげん》は徳の賊なり（善人面をして八方美人で節操のない者は、かえって徳をそこなうものだ）」という孔子の言葉があります。孔子は円満で常識的な善い人よりも狂者《きょうしゃ》や狷者《けんじゃ》が良いとしています。

この狂者・狷者ということで、孔子は「中行《ちゅうこう》を得てこれに与《くみ》せずんば、必ずや狂狷か。狂者は進みて取り、狷者は為さざる所あり（言行が中庸な人と付き合い出来なければ、奔放な人や気骨ある人と交際するのが良い。奔放な人は進取の精神に富み、気骨のある人は悪事を働かないからだ）」（子路第十三の二十一）と言っています。

狂者や狷者には理念や行動力が備わっている一方、善人面をしているだけの無節操な八方美人の郷原にはそれがなく、ゆえに孔子は狂者や狷者のほうを評価したのだと思います。私も孔子が言うように、最初から最高至上の徳である「中庸」を目指すは難しいのですから、まずは狂狷から始めれば良いのだと思います。

己を知り己の人生観を確立せねば節操は身に付きません。その意味で節操というのは、志や天命あるいは信仰といったものとも繫がっていると考えられます。それは自らの内に確固としてあるものです。

皆様の周りで「この人は節操のある人だ」と、思う人をよく見てみてください。必ずやそういう人は、しっかりした信仰を持っているとか、一本筋の通った信念を持っているはずであります。

まさに天命というものを知り、その命を立て自らを確立できたらば、少々の困難に動じることなく事の是非が的確に判断できる人物になれるはずです。そうした人物こそが真にリーダーたるべき人なのでしょう。私自身節操ある人、恒心ある人を目指し、社会生活の中で日々、知行合一的に事上磨錬《じじょうまれん》し続けて、己を鍛え上げるべく励んでいるのです。

何のために学問をするのか

（2015年8月24日）

▼順境でも逆境でも心を乱さない

仕事に限ったことでなく人生において、常に順風満帆に物事が進むということはまず有り得ません。追い風の時もあれば向かい風の時もあります。強風に煽られて一歩も前に進めずに、ふと後ろを振り向けば崖っぷちに立たされていることに気付く時もありましょう。

出光興産創業者の出光佐三さんは「順境にいて悲観せよ。逆境にいて楽観せよ」と言われていますが、これは全くその通りで私も同感です。

『菜根譚』という中国古典に、「達人はまさに順逆一視し、しかも欣戚《きんせき》（喜ぶ事と悲しむ事）二つながら忘るべし」また「君子はただこれ逆に来たる所を順に受け、安きにいて危うきを思う」という一節があります。

順境も逆境も同じものと考えて喜びも悲しみも忘れ、そうしたことを超越して天命に安んじるのです。そして逆境を耐え忍び、その中で精神の修養に役立てることが重要であり、境遇の順逆はその人の心掛け次第でどうにでもなるわけです。換言すれば、「恒心《こうしん》」ということが大切なのです。

それは境遇の順逆にかかわらず、常に定まっていて変わらない・ぐらつかない心のことです。具体的に言えば、逆境で落ち込んだり・他人を怨んだり・自棄《やけ》を起こしたりせず、順境で調子に乗ったり・傲慢になったりせずに、平常心で常時黙々と修養を続けることが重要なのです。

この乱れない恒の心を如何に醸成して行くかは大変難しいのですが、そうなるよう修養を積んで行くことが君子となるための道です。孔子は「我々はこの恒心を保つような人間になるように努めなくてはいけません」と言い、常に恒心を要求しています。

例えば「君子は食を終うるの間も仁に違うこと無し。造次《ぞうじ》にも必ず是に於いてし、顛沛《てんぱい》にも必ず是に於いてす（君子は何時までも仁と共にあり、どんな慌ただしい忙しい時も、つまずき倒れるような危急の場合もそうでなくてはならない）」（里仁第四の五）とありますが、まさに「造次顛沛」にも仁の心を失ってはならないと言っています。

これは、どれ程の危機的局面にあっても、リーダーは人民の心から離れてはならぬということで、要するに何時何時《いつなんどき》も他人に対する思いやりの心を持ち続けなければ駄目だ、と孔子は教えているのです。

あるいは『論語』の「里仁第四の二」に「不仁者《ふじんしゃ》は以て久しく約に処《お》るべからず」とあるように、不仁者は長い間苦しい生活を続けられず悪事を働いて逆境から逃れようとします。仁の心をきちんと持たねば、恒心を保つことも出来ないのです。

人生には危急の時もあれば、逆境の時もあります。そういう中に置かれたならば人間は、平常心が保てない状況になりがちです。しかしそれが一番いけない、と孔子は言っているのです。君子は常に恒心を保たねばならず、そのためには己を磨いて行くしかありません。

ところが世の中は「亡《な》くして有りと為し、虚《むな》しくして盈《み》てりと為し、約にして泰《ゆた》かなりと為す」と「述而第七の二十五」にあるように、「無いのに有るように見せたり、空っぽなのに満ちているようにしたり、貧しいのに安泰な顔をしている」というのが一般的です。孔子がそれに続けて「難《かた》いかな、恒《つね》あること」と言うように、心の内を恒ある状態にずっと保っておくのは非常に難しいことなのです。

▼天に対する絶対的な信頼感

この恒の心を保つに己を磨くべく、やはり一つには学問をせねばなりません。孔子にとっての学問の本義というのは、「命を知り、心を安らかにする」と共に「人生に惑わないために学ぶ」ことであります。

そういう意味で言うと、例えば荀子は「何のために学問をするのか」という問いに対し、「夫れ学は通《つう》の為に非らざるなり。窮して困《くる》しまず、憂えて意《こころ》衰えざるが為なり。禍福終始を知って惑わざるが為なり」と答えています。

これは、「学問というのは、社会的な成功の為に行うのではない。窮地に陥った時でも、苦しんだり意気消沈したりすることをなくす為である。我々に齎《もたら》される災いや幸福の原因や因果関係をよく知ることが出来れば、困難に直面した時でも惑うことはなくなる。その為に学問をするのだ」という意味です。あるいは吉田松陰は、「およそ学をなすの要は、おのれが為にするにあり。おのれが為にするは君子の学なり。人の為にするは小人の学なり」という言い方をしています。

学問をすることによって心安らかになり、色々な事柄で惑わないようになって行く――そういう人間にならねばならない、と孔子は教えているのです。彼はどれ程の窮地に追い込まれようとも、大変な肝が据わった人物であったようです。孔子が如何なる時でも恒心でいられたのは、天に対する絶対的な信頼感を有していたからでありましょう。

つまり、恒心を保つ上で非常に大きな要因となるは、孔子のように天を信じきれるかどうかなのです。私も、孔子ほど肝が据わっているとはとてもとても言えませんが、周りの人と比べたらば胆力を有しているほうだと思っています。これまさに私も『論語』を初めとした中国古典を読み込んで学んできた結果として、天に絶対的な信を置けるようなったことが大きく少々の困難に直面しても惑うことない恒心を身に付けられたのだと思います。

恒心というのは、危機にあればあるほど大事なものです。リーダーであれば泰然自若とした雰囲気を出して危機にあっても慌てふためくことなく、そうした境地で冷静沈着にさまざまな判断を下し皆から意見を集めてベストチョイスを為して行く——そうした状況を作ることが非常に大切だと思っています。

（2015年8月10日）

人望を得る

▼五常を身に付けよ

企業のトップとして、役職員に求めるものは何でしょうか。それは、自分の価値を上げるということです。役職員一人ひとりが自らの価値向上に努めることが、企業価値を上げることに繋がって行くのです。

そのために何が求められるかと言えば、まずは自らの人間性を磨き高め行くことです。人間力を高めるべく、さまざまな仕事の中で事上磨錬《じじょうまれん》して行くのです。

そうすれば取引先からも「あの人は優秀だ」と思って貰えるようになり、上司や部下からも人望を得ることが出来るようになって、そしてそれに相応しい地位が与えられるようにもなるのです。

孟子は、どのようにして人が天子になるのかについて、「天授け、人与う」という言葉を残しています。天が天命という形で授け、人民が与うという形で、人は天子になる、指導者になると言っているのです。

自分で天子になりたい、指導者になりたいと思っても、必ずしもなれるものではありません。そういう真面目な努力を怠って要領よく地位を得ようとしても、絶対に得られるものではないのです。

そして孟子は次の言葉、「人与うを忘れると、その民を失う。その民を失う者は、その心を失えばなり」と続けています。なぜ民を失うのかと言えば、民の心を失うからです。民の心とは換言すれば、人望ということです。

言うまでもなく、人望の源は人徳です。人徳のない人には、民はそのようなポジションを与えないのです。仮に人徳のない人が指導者の地位に就いたとしても、すぐに組織は機能しなくなります。

とかく人望のある人というのは、部下の面倒見が良いものです。逆に部下が最も嫌うのは、責任はすべて部下に押し付け手柄はすべて自分が手にする、というタイプの上司です。

これは逆でなくてはなりません。

リーダーには、責任はすべて自分が取り手柄はすべて部下にやる、というくらいの寛容さが必要です。これまさに「君子は諸《これ》を己に求め、小人は諸を人に求む」（衛霊公第十五の二十二）です。人が悪い・親が悪い・上司が悪いと言っているような小人には、決してリーダーは務まらないのです。

四書五経の一つに数えられる中国の古典『大学』に「修身、斉家《せいか》、治国、平天下《へいてんか》（身修まりて後、家斉《ととの》う。家斉いて後、国治まる。国治まりて後、天下平らかなり）」という言葉があります。

東洋思想の基本は、社会や人を正しい方向に導いて行こうとするならば、まずは自分が正しく在らねばというふうに考えます。

『論語』の「子路第十三の十三」にも、「其の身を正しくすること能《あた》わざれば、人を正しくすることを如何《いかん》せん（己が正しい行いが出来ていないのに、どうして人に正しい行いをするよう求めることが出来ようか）」とあります。

あるいは『論語』にはまた、「其の身正しければ、令せざれども行わる。其の身正しからざれば、令すと雖《いえど》も従わず」（子路第十三の六）という言葉もあります。如何に知識・技術・才知に長けていたとしても、それだけで部下は動きません。

多くの弟子が孔子に従ったのも、彼が単に豊富な知識を持っていたからではありません。孔子自身が「修己治人《しゅうこちじん》（己を修めて人を治む）」が出来ていたからこそ、あれだけの人望が集められたのです。

この修己治人を実現すべく、具体的に何を身に付けて行けば良いのでしょうか。儒教では「五常《ごじょう》（仁・義・礼・智・信）」が大事だとされ、この五つのレベルがそれぞれに高いことを以て徳が高い人物だとされています。

『論語』の中には枚挙に遑《いとま》がない程、仁や信あるいは義や礼や智の大切さを述べた言葉が収められています。それはこの五常を身に付けることが、徳を高め君子になるための絶対必要条件だからです。

集団で生きて行く上では、人と人が関係を結び成り立たせるための徳が必要であります。それが仁・義・礼・智・信の五常であるというわけで、これまさに集団生活を営んで行く上でのリーダーに求められる一番の条件です。

天から授かった徳を蔑《ないがし》ろにせず、常にそれを十分に発揮すべく心掛けることで、「其の身正しければ、令せざれども行わる」になるのです。世のため人のためでなければ、結局人望は得られません。人望というのは究極の所、徳の高低の問題なのです。

（２０１５年６月29日）

憤せずんば啓せず

▼自分を謙虚に省み、向上させる

前回のブログ『「憤」の一字を抱く』では、憤の気持ちが何事かをやり遂げるに不可欠なものであること、そしてまた「敬」の心より生じた「恥」の気持ちが、「自分も発奮してもっと頑張ろう」という憤の気持ちに繋がって行くことを述べました。

この「発奮」あるいは「啓発」の語源となった言葉が『論語』にある孔子の言、「憤せずんば啓せず。悱《ひ》せずんば発せず。一隅を挙げてこれに示し、三隅を以て反《かえ》らざれば、則ち復《ま》たせざるなり」（述而第七の八）です。

孔子は、「学びたいという気持ちがじゅくじゅくと熟して盛り上がってくるようでなければ指導はしない」、「今にも答えが出そうなのだけれど中々出ずに口籠っているようなギリギリの所にまで来なければ教えない」、「一隅を取り上げて示したら残りの三つの隅がピンとこなければ駄目だ」と言っているのです。

『論語』を読んでいますと孔子は、実際そこまで厳しくはなかったと思います。孔子が門弟達の自発的に学ぼうとする意欲を非常に大事にし、そういう意欲を高めてやろうとしていた気持ちがよく伝わってきます。

孔子には色々な弟子がいましたから、弟子同士を競争させていたような面もあったのかもしれません。しかし、それにしても知識を競わせるのでは決してなく、日常会話の中でリラックスして議論をしながら、それぞれの行き過ぎた所は引っ込め足りない所は補って、出来るだけ中庸の徳を備えた君子になるよう持って行こうとしていたのだと思います。

また孔子は熱心に弟子達の教育をする一方で、自らが真剣に学びを追求した人でもありました。偉大な教育者というのは人に教えるだけでなく、自らも常に学び続けて行く人でなければならないということです。

『論語』の「述而第七の二十一」に、「我れ三人行えば必ず我が師を得《う》。其の善き者を択《えら》びてこれに従う。其の善からざる者にしてこれを改む」という孔子の言葉があります。

彼は、「三人が連れ立って行けば、必ず手本となる先生を見つけることが出来る。善いものを持っている人からは、之を積極的に学び、善くない人からは、それを見て我が身を振り返り改めることが出来るからだ」と言っています。

「自分も彼と同じような欠点を持ってはいないだろうか」、「自分が彼のようにならない為にはどうすれば良いのか」等と己を振り返って見、気が付くところがあれば改めて、「善からざる者も師」と割り切り、「森羅万象《しんらばんしょう》わが師」と思うようなるのです。

つまり、学ぶ気持ちがあれば何処からでも学べる、ということを孔子は教えているわけです。良くも悪くも皆わが師であり、大切なのは常に自分自身を謙虚に省み、人として自分自身を向上させることなのです。

冒頭挙げた前回のブログでは、何よりも大切なのは自分の範とすべき師を持ち、その人物は如何にしてそういう偉大さを身に付けたか等々を学び、自分もその人物に一歩でも近づこうという思いを抱くことだとも述べました。

『論語』の中には、「賢を見ては斉《ひと》しからんことを思い、不賢を見ては内に自らを省みる」（里仁第四の十七）という孔子の言もあります。自分が心より師事するに足ると選んだ人物が「善き者」からも「善からざる者」からも、「賢」からも「不賢」からも学ぶ姿勢が身に付いており、己の成長に懸命な人であるか否かは大事なポイントだと思います。

〝Think Big.〟から始めよう

（２０１５年５月23日）

▼求められるのは「才」ではなく「徳」

渡部昇一著『松下幸之助　成功の秘伝75』（致知出版社）の中に、『一歩先を見て「ああしようこうしよう」と、自分に起こりうる状況をいつも頭に描いていることは、大きな仕事を可能にする一つの道である』と書かれているようです。

この「大きな仕事」ということで私は『論語』の「君子は小知《しょうち》すべからずして、大受《たいじゅ》すべし。小人は大受すべからずして、小知すべし」（衛霊公第十五の三十四）、および「君子は器《うつわ》ならず」（為政第二の十二）という孔子の二つの言葉を思い出しました。

前者は「君子は小さい仕事には向かないが、大きい仕事は任せることが出来る。小人は大きな仕事には向かないが、小さな仕事は任せることが出来る」という意味です。

この「大きな仕事」と「小さな仕事」は、全く性質が異なるものです。小さな仕事が出来るからと言って大きな仕事が出来るとは限らず、大きな仕事が出来るからと言って小さな仕事が出来るとは限りません。大事に向いた人に小事をやらせてみても、それは適材適所の人員配置と言えるものではありません。

平社員の時と管理職になってからとでは、組織の中で求められる役割が大きく変わってきます。平社員時代に任せられるのは、小さな仕事であります。その小さな仕事を着実にこなし、プレーヤーとして優秀な成績を収めて行かねばなりません。

ただし誤解しないで欲しいのですが、この小さな仕事とはつまらぬ仕事・意味のない仕事ということではありません。工場の従業員が「こんなのは小さな仕事だから」と言って部品の組み立てを疎かにしたら、たちまち会社の信頼は地に墜ちることでしょう。ゆえに小さな仕事も非常に大切でそもそも事業の多くは、小さな仕事の積み重ねから成り立っているのです。

しかし管理職になってから求められるのは、逆に小さな仕事はしないことです。それは部下の仕事であり、自分の仕事ではないからです。小さな仕事に時間を取られていたならば、大きく広く物事を見ることが出来なくなってしまいます。

ところがこれまで、小さな仕事で業績をあげることで評価をされてきた人は、「小さな仕事」から「大きな仕事」への転換がなかなか出来ないものです。課長まではとんとん拍子で進んだものの、今、大きな壁にぶち当たっていると感じる人は、自分が「小知」から

「大受」への脱皮の時期にあると捉え、まさに今が正念場だと認識すべきでありましょう。

それから次に先に挙げたもう一方、後者の「君子は器ならず」とは「君子は器ではなく、器を使うのが君子だ」という意味です。

私達はよく「もっと器が大きな人間になれ」とか「あいつは器が小さい」などと言いますが、「そもそも君子は器ではない」すなわち「一定の型にはまった人間ではない」と孔子は語っているのです。

上に立つ者の役割は、自分が器として働くことでなく部下という器を使いこなすことであります。部下一人ひとりに、自分の職分においてその能力を存分に発揮させることで、その組織全体がレベルアップして行きます。

そして部下に存分に働いて貰いたいならば、トップは馬鹿殿様として「よきに計らえ」と言えるようになることも大切だと思います。サントリーの創業者・鳥井信治郎さんの「やってみなはれ」は、器を使いこなすトップの好例でありましょう。

才が突出した人間は、組織の中で優れた技量を有した器として貴重な役割を果たします。ただしその人が、組織のリーダーとしてさまざまな器を上手に束ねられるかと言うと、それはまた別の話です。

一方、西郷隆盛のような徳の人は、リーダーとして大きな存在感を発揮します。「徳は孤《こ》ならず。必ず隣《となり》あり」（里仁第四の二十五）という孔子の言の通り、実際たくさんの才ある人・徳ある人が西郷の下に集まってきたわけです。しかし彼が、実務家として細かい仕事に長けていたかと言うと、それもまた別の話です。

そもそも上に立つ者に求められるのは、「才」ではなく「徳」であります。そして「徳」は、誰もが生まれつき身に付けているもので、さらには後天的に高めることが出来るものです。問われるのは、その人が生まれ持って授かった能力がどのようなものかではありません。この世に生を享けた後、その人が自分の意思で如何に己を磨いてきたかということです。

▼最終面接での答え

上記を踏まえた上で冒頭の「大きな仕事を可能にする一つの道」に関して述べるとすれば、常日頃から「大きな視点で仕事を捉える」ということは非常に大事だと思います。

かつて私は野村證券の最終面接の時、面接官として出席されていた当時の伊藤副社長から「君は野村で何をやりたいんだ？」と尋ねられ、「先輩諸氏から御話を色々と伺いましたが、実際働いてみないと良く分かりません。ただ、どこの部署でどんな仕事に携わることになったとしても、世界経済の中での日本経済、日本経済の中での金融機関、金融機関の中での野村證券という三つの視点を常に持ちながら、粉骨砕身働いて行きたいと思っています」と答えました。

学生の答えとしてこれは、一風変わったものであったかもしれません。私は数多の偉人や英雄の伝記を読んでおり、〝Think Big.〟つまり「大きく考えろ」ということが、高校時代から習慣になっていたのです。

大きく考えたらば、小さな枝葉末節な事柄から頭が離れます。もちろん、二宮尊徳の教え「積小為大（小を積みて大と為す）」も知っていましたから、基本はきっちり身に付けて行かねばと思ってはいました。しかしその基本の上に大きな事柄を考えて行くと、小さな問題にぶち当たったとき脱却する方法になり得ると体得していたのです。

ですから上記した面接にあっても、視野を大きく取って物事を考えたいと思い、そうした答えをしたわけです。この考え方は伊藤副社長にも伝わったようで、私は面接が終わってから人事担当課長に呼ばれ、「君の答えを副社長がえらく褒めていて、『あいつはお前らには任せん。俺が直接教育する』と言っていたぞ」と告げられました。そして実際その後、他の新入社員とは違って、ある意味では帝王学により育てて貰ったように思っております。いずれにせよ、小さな事柄をぐだぐだと考えるのではなく、大きく考える習慣を身に付けることが大事だと思います。それによりつまらぬ話で目くじらを立てることも無くなって行くのではないでしょうか。

人は須らく、自ら省察すべし

（2015年5月14日）

▼ことの盛衰はトップ次第

脳神経研究で世界的に著名な医学者で第16代京大総長を務められた、平澤興さん（1900年―1989年）は、その御著書『生きよう今日も喜んで』（致知出版社）の中で、「不幸は人間を苦しめるというが、よく考えてみると、人間を苦しめるのは不幸そのものではなく、不幸だと思うその考え方自体である」と述べておられます。

不幸を不幸だと思っていたのでは、そこに何らの前進もありませんから、やはり「艱難《かんなん》辛苦《しんく》汝《なんじ》を玉《たま》にす」と己に言い聞かせ、中国清代末期に太平天国の乱を平定した曾国藩《そうこくはん》が言う「四耐《したい》四不《しふ》」を実践して行かねばなりません。

つまり「冷に耐え、苦に耐え、煩に耐え、閑に耐え」るという四耐、および「激せず、躁《さわ》がず、競《きそ》わず、随《したが》わず」という四不が、人物の成長に非常に大事だということです。

今苦しいのは、「人間成長のためだ」「天が与えたもうた試練だ」と思って、これを頑張り抜くしかありません。大事を成そうと思ったならば、そのくらいのことが出来なければ、そもそも御話にならないのです。

私が私淑する安岡正篤先生は、「人間は自得から出発しなければいけない。人間いろんなものを失うが、何が一番失いやすいかというと、自己である。根本的・本質的に言えば、人間はまず自己を得なければいけない。人間は根本的に自己を徹見する、把握する。これがあらゆる哲学、宗教、道徳の、根本問題である」と仰っています。

あるいは、佐藤一斎なども『言志録』の中で、「人は須らく、自ら省察すべし。天、何の故に我が身を生み出し、我をして果たして何の用に供せしむる。我れ既に天物なれば、必ず天役あり。天役供せずんば、天の咎《とがめ》必ず至らん。省察して此に到れば則ち我が身の苟生すべからざるを知る」と言っています。

自分は天から如何なる能力が与えられ、如何なる「天役（この地上におけるミッション）」を授かり、如何にしてその能力を開発して行けば良いのか――天が与えし自分の役目を己の力で一生懸命追求し、その中で自分自身を知って行くのです。

そして一度それを探し当てたらば、「自ら反《かえり》みて縮《なお》くんば、千万人と雖《いえど》も吾《われ》往《ゆ》かん」（『孟子』）という孔子の言葉のように、世の毀誉褒貶を顧みず自分が信じた道を唯ひたすらに恐れずに突き進んで行くだけです。

冒頭挙げた平澤さんはまた同書の中で、「君がおらぬと、周囲が困るような人になりなさい」とも言われており、これは基本その通りだと思いますが、本当を言えば困る・困らないといった程度の話ではありません。

例えば中国宋の謝枋得《しゃほうとく》が編纂《へんさん》した『文章軌範』の中で、「一国は一人を以って興り、一人を以って亡ぶ」と蘇老泉《そろうせん》が言う通り、一人の存在というのはそれくらい大きな力を持ち得、その国のすべてを決めて行く側面すら有しています。

会社で言えば、その成長のためには経営者自身が自分の魂を練って行くしかなく、それにより自分自身の人間力を増して行かないことには、その会社の器というのも結局大きくはならないわけです。

私がいなければSBIグループも出来てはおらず、孫さんがいなければソフトバンクグループも出来てはいません。「君がおらぬと、周囲が困る」どころか、その人ひとりで国を創るくらいの力を、卓越した人間力を養った個人は有しているのです。

要は国であれ企業であれ、その盛衰はトップの在り方一つで決せられ、トップが如何にして自分の人物・知性を磨き、判断力・直観力を養ってきたかが、そのすべてであると言えましょう。

（2015年2月25日）

正反合の世界を作る

▼課題ごとのプロジェクトで

エルピーダ経営破綻時に社長を務められていた坂本幸雄さんのインタビュー記事、「会社を改革したいのならまず上司と部下を入れ替えよ」（2015年2月9日）が『WEDGE Infinity』に載っています。

その中で「外資で育った」坂本さんは、「上司と部下が入れ替わったら、人間はすごく緊張します。このたった一つのことができないで、どうして経営改革ができるのでしょうか。（中略）私の歴史は、常に上司が部下になることでした。辞めるときの自分の部下は、全員、自分の元上司です」云々と述べておられます。

これに関して私見を申し上げるならば、何も上司・部下といったフレームで固定的に考える必要性は全くないと思っています。もっと言えば、それまでの上下関係をひっくり返し、ぎくしゃくした中で一定の秩序が乱れて行っては、それこそ仕事など出来なくなってしまうのではないでしょうか。

したがって、わざわざそんなことはせずに目的を果たすべく、私であれば課題ごとにプロジェクトを作るという方法を検討します。現下の上下関係や部署間の勢力争いは一切関係なし、その人の年齢・組織・国籍等々全く関係なしといった中で、一つのプロジェクトとして誰が向いていて、誰がリーダーに相応しいかと考えるのです。

私自身、それぞれの分野において色々なリーダーがそれぞれのタイミングで存在するものと考え、リーダーとはそれぞれのプロジェクトで決まって行くものだと認識しています。そのチームにあってその人の属性を問わず、そのプロジェクトに最適な人間を部門や国を超えてさまざま集め多くの英知を結集し、いわゆる正反合の世界を作って行くのが在るべき姿だと思います。

より高い次元で正反合の「合」に達するためには、最初に打ち出す命題（正）は、明確な理念や考えを持った力強いものでなくてはなりません。そしてリーダーは、それとは反対・矛盾する反命題（反）に打ち当たる時、そこを乗り越えるということを繰り返しているうちに、次第に中庸（合）の域に達してくるのではないかと思います。

もっとも言うまでもなく、プロジェクトチームでも、仕事における上下の差はあります。下の者は上の者に対して礼を尽くし、敬意を払うことはチームを秩序立てるために必要です。それと同時に『論語』の中に「君《きみ》、臣を使うに礼を以てす」（八佾第三の十九）とあるように、また上の者も下の者を敬い出来得る限り、その考えに耳を傾け愛情を持って導くという姿勢が大切です。

出光興産創業者・出光佐三さんの言葉の通り、一番大事な根本は人間尊重の姿勢であります。年齢や地位の違いにかかわらず、御互い人間としては対等であるとの意識を有し、常に相手を尊重するという態度を取らねばならないということです。

悲劇を悲劇と思わぬために

（２０１５年２月24日）

▼トップは発光体であれ

拙著『ビジネスに活かす「論語」』（致知出版社）の中で、私は「天の啓示に気づくための四つの条件」として、「自分の目の前にある仕事、与えられた仕事に全力投球しているということ」「素直であるということ」「感謝」と共に、「心中常に喜神《きしん》を持つこと」を挙げました。

これに関して安岡正篤先生は、人生を生きる上で大事な３つのことに、「心中常に喜神を含むこと」「心中絶えず感謝の念を含むこと」「常に陰徳を志すこと」として、喜神を持つことを第一に説かれています。

この喜神の「神」とは「精神の神、つまり心の最も奥深い部分を指す言葉」であって、先生曰く「喜神を含むとは、どういう立場に立たされようと、それに心を乱されることなく、心の奥深い部分にいつも喜びの気持ちを抱いていことに当たれば、どんな運勢でも開けないものはなく、上昇気流に乗ったように開けていくという意味」とのことです。

トップというのは、常に発光体でなくてはいけません。トップが暗い顔をしていると、会社の運気を悪くするだけです。そしてトップのみならず、人間にとって暗いというのは良くないことです。常に明るい心、喜神を持たねばなりません。

人間、幸福であるか否かは極めて主体的なものです。幸福を感ずるため何が必要かといった時、その一つが喜神を含むということです。ところが一旦悪い境涯に陥れば、この喜神はなくなってしまいがちです。「なんで俺だけ…。俺の何が一体悪いんだ」「天道ってあるのか？ 神っているんだろうか？」といった具合に、結局、周りがすべて悪いとなるわけです。

『論語』の中に、「君子は諸《これ》を己に求め、小人は諸を人に求む」（衛霊公第十五の二十一）という孔子の言があります。君子は何事も自分の責任として捉え、その一切を人のせいにしない。小人は何でも人のせいにするということです。小人は人の責任にしないと、ノイローゼや鬱病にもなりかねません。

しかしたとえ小人でも、心中喜神があれば、そうした病を患いません。どんな苦難も苦難と思わなくなります。悲劇を悲劇とも思わなくなってきます。だから、そういう心を常に持つことが「人生の極意」であり、如何なる時世にあっても、その中で生きて行くことが出来る術なのだと思います。

リーダーとは育てずして育つもの

（２０１５年１月23日）

▼リーダーとなる条件

川田達男さん（セーレン株式会社代表取締役会長・最高経営責任者）は、「リーダーは育てられません。それが持論です。企業が急激に成長すると人が育つスピードが追い付かない。人の意識を変えるというのはほとんど不可能だと思っています。人と過去は変えられません」と述べておられます。

この言はある面で正しいのかもしれません。リーダーは育てようと思って育てられるものではありません。私の所に挨拶に来られた社長にも「これが息子です」と、私に紹介する方が沢山います。昔の国を考えてみても継ぐのは息子で、そのために帝王学と称するものを学ばせる等、一通りの育て方が為されています。しかしながら自分の息子をリーダーにすべく、帝王学を身に付けさせようとして失敗した親が、歴史上どれだけ多いことでしょうか。

リーダーというのは、なかなかそう簡単には育てられません。育てようと思って育てられないものであり、その人に与えられた境涯・境遇の中でリーダーになるという意志と自覚を持ち、リーダーに相応しい人物になるよう自分で築いて行くしかないのです。自分を築くのは自分しかないのです。何らかの天分に恵まれたがゆえに、自然とリーダーになるのかと言えば、そうでは決してないのです。「己より賢明な人物を周辺に集めし男、ここに眠る」とは、米国の「鉄鋼王」アンドリュー・カーネギーの墓碑銘です。

リーダーとして大事なのは、如何なる大志を抱き如何に優秀な人を多く集《つど》わせて、彼らと共に自分がやるべきことを明確にし、そしてその志念を共有化して行くというプロセスです。段階的に詳述すればリーダーとは、①まず一つの志（理想を目指し到達しようとする心）を描き、その志を共有して行く仲間達が存在して、②その共通目的の実現のために集った仲間達から、その能力や手腕あるいは人格等により指導者という形で仰がれ、③そして今度はその目的を成功裏に成し遂げるべく、目標達成に対する誰よりも強い意志と熱意を有し、④またさらにその仲間達すべてに対しても透徹した責任感と犠牲的精神といったものを持つようになる時、自他共に目的遂行のためのリーダーとして自覚し認識して行く、というふうになるものだと私は考えています。

したがって、リーダーとして絶対に有らねばならぬは人間的魅力でありましょう。これと言って特別に卓越した頭脳が必要なわけではありません。「三顧の礼」を以て劉備玄徳が諸葛孔明を迎えられたのもそうですが、畢竟その人間がある種の人間的魅力を有しているか否かに尽きるのです。

この人間的魅力を如何に持たせるようにするのかは難しく、幾ら持たせようと思っても持たせられるものではありません。己の境涯・境遇の中で自分自身がどう自分自身を成長させて行こうとするか、そしてそれに成功するかがリーダーになれるか否かの境界だと思います。

第5章　仕事の極意

一心不乱に仕事に打ち込む

（２０１５年８月31日）

▼人生に無駄はない

私は今年２月の『「平凡なことを完璧にやり続ける」中で人間は成長して行く』というブログで、稲盛和夫さんの言葉を御紹介し「たとえそれが『平凡なこと』であったとしても、決して物事を軽く見ずに常に一生懸命完璧を求める。如何なる仕事であっても誠心誠意努力し、きちっとそれに打ち込んで行く。こうした姿勢を持たずして、人間として成長して行かないのは間違いないことでしょう」と書きました。

また稲盛さんは、「真の経営者」は「損得」でなく「善悪」という判断基準を有するべきで「善か悪かを判断するにはまず立派な人間性を持っていなければ」ならないということ、それから「常に正しい判断をするために必要な人間性」を磨く上では「息つく暇もないぐらいに一生懸命、自分に与えられた仕事に打ち込むこと」が一番の鍛錬だということ、をプレジデントの記事で述べておられます。

この稲盛さんの御意見に、私は全面的に賛成です。一心不乱に仕事に打ち込んで雑念を追い払い、「天」と対峙することに尽きるのだと思います。努力もせずに愚痴を言い、やる前から「出来ません」と諦めてしまうような人が多くいます。

『論語』の「述而第七の十八」に、「憤りを発して食を忘れ、楽しみて以て憂いを忘れ、老いの将《まさ》に至らんとするを知らざるのみ」という孔子の言があります。これは、「物に感激しては食うことも忘れ、努力の中に楽しんで憂いを忘れ、年を取ることを知らない」といった意味であります。何事にも集中してつまらぬことに気を散らすことなく、何時も精神が潑剌《はつらつ》と躍動していなくてはならないと思います。

安岡正篤先生は御著書『運命を創る』（プレジデント社）の中で、「何ものにも真剣になれず、したがって、何事にも己を忘れることができない、満足することができない、楽しむことができない。したがって、常に不平を抱き、不満を持って何か陰口を叩いたり、やけのようなことを言って、その日その日をいかにも雑然、漫然と暮らすということは、人間として一種の自殺行為です」と言われています。

不平不満によって、何か良くなることは決してありません。むしろ不平や不満が湧いてきた時にこそ、己の未熟さを思い一層仕事に打ち込むのです。そうした中で分からないことが出て来たら、頭を下げて先輩等に教えを請えば良いわけです。松下幸之助さんは「素直であることが非常に大事だ」と言われています。この言葉の通り、最初は何でも素直に受け入れてみて、与えられた仕事の意義を本当に理解しようと全身全霊を傾けて、そして簡単に諦めることなく突き詰めて、とことんまでやり遂げてみるのです。

この世に無駄な仕事は一つもありません。なぜなら経営者は社員に給料を払っているのですから、給料の元を返して貰わねばなりません。社員に無駄な仕事をさせる余裕などなく、そんなことをやっていれば会社が潰れてしまいます。それがどんな仕事であれ、与えられた以上は無駄な仕事ではないのです。日々の仕事のうち、その大半が嫌いであったとしても、やはり自らの仕事に対しては、透徹した使命感・責任感といったものを持ち、好き嫌いに関係なくやり通さねばなりません。

そうしてやり通せるのも自分の仕事の意義が分かるからであって、その中で自分として「これをやらねばならない」「これはなさねばならない」といった気持ちが、必然的に湧いてくるものです。そして次第に、これをやるのは自分自身の責務であるとの認識を深め、ひいては自分自身の天命なのだというくらいに自覚するようになるのです。

必死に仕事に打ち込んでいたならば、それなりのものが必ず身に付いてきます。自分自身の人間的な成長が目に見えて明らかになります。その努力に天がさまざまな御縁を与えてくれたり、さまざまな飛躍のチャンスもやってくるのです。ですから、まずは与えられた仕事を素直に受け入れて不平不満を封印し、熱意と強い意志を持って、唯ひたすらに打ち込み続けることが必要だと思います。

「一芸に秀でる」という言葉があります。どんな仕事であれ一芸に秀でるところまで打ち込んだ人の言葉には、何とも言えない奥深さと重み、そして味わいがあるものです。それまさにその人が数々の苦難を乗り越えて、一つの仕事を通じて人間的成長を遂げた証だと思います。私は、そこに天職を見つけた人の誇りを感じ尊敬するのです。

「石川啄木の有名な歌の一つに、『快く我に働く仕事あれ、それをしとげて死なんと思ふ』というのがあります。人間は、ただ生きるというだけではつまらないことで、意義あり感激ある仕事に生きなければなりません」(『心に響く言葉』)――この安岡先生の言葉は、そのまま仕事を天職にして行く極意と言って良いでしょう。

一生懸命にやっている限り、そこに何一つ無駄はありません。最終的にすべては、プラスになって行くのです。ただし一生懸命やらなかったらば、何もプラスにはなりません。むしろそれは、人生を無駄にしているに等しいことでありましょう。何事においても一生懸命に取り組まねばならないのです。目の前に与えられた仕事に対し、一心不乱に取り組む姿勢を持ち続けることが大切です。

仕事と年齢、イチローと羽生善治

（2015年5月8日）

▼経験知と捨てる知恵

イチロー・青木の直接対決となったジャイアンツvsマーリンズ戦（日本時間の8日午前11時15分）で、イチロー選手（41）は「8試合連続安打をマーク（中略）。メジャー通算安打を2868本とし、ベーブ・ルースにあと5本と迫った」ようです。

彼の偉大さに関しては当ブログでも何度か触れたことがありますが、日本の生んだ偉大なスポーツマン・イチローは我々日本人の誇りであり、その大変な努力に対しては、唯々敬意を表する次第です。

彼がなぜあれだけのヒットが打てるかについてはさまざまな要因があろうかと思いますが、その一つに動体視力が人並み外れて良いということが主因に挙げられると思います。

しかし、イチローも人間であるからには老化が起こらないことは有り得ないわけで、人間の身体では眼が最も早く老化してきます。

万止《ばん》むを得ない老化の進行に伴い動体視力の限界が露呈するその時、彼にとって一つの節目になるのではないかと思います。

このイチローにせよ、先月19日「張本勲氏(74)の〝引退勧告〟を、力に変えて」ゴールを決め「自身が持つJリーグ最年長得点記録」更新中の三浦知良選手(48)にせよ、ソチ五輪銀メダリストの「レジェンド」葛西紀明選手(42)にせよ、彼らの想像を絶する努力・苦労の結果として歳を感じさせないような驚くべきパフォーマンスが出せているのだと思います。

ただし、その一方で三浦選手自身が「28歳の選手と比べて20歳も違うわけですから、スピードでは勝てない。だからこそ一瞬の考えるスピードやポジショニング、ペナルティーエリア内での駆け引きで勝負しないと」とか、「本当はずっと出たいけど、シーズンを通していいパフォーマンスを続けるためには、どこかで休むことも必要じゃないかなと」等と言われている通り、スポーツ選手としての肉体年齢の壁という如何ともし難い問題が付いて回ります。

その点、仕事によっては60歳であろうが70歳であろうがその全盛期がずっと続く人もいるわけで、「経験知」を重ねる中で判断力が高まり、むしろパフォーマンスが良くなって行くケースが多々あるというのも事実です。

私は天才棋士・羽生善治さんの強さに感心し、彼の著書をよく読んでいますが、例えば彼はプレジデントオンラインの記事「若手に負けぬための秘密の習慣」の中で、「いろいろある選択肢の中から、何を捨てていくか。取捨選択の捨てるほうを見極める目が、経験知で磨かれるのだと思うのです。たとえていえば、経験によって羅針盤の精度がだんだん上がっていくイメージですね。（中略）こっちへいくより、あっちのほうがより確実ということが、経験知が上がるにつれて比例して上がっていくのだと感じています」と述べられています。

人間の判断など何時も正しいとは限らぬものですが、経験知を上げることで同時に直観力が発達してきますから、やはりある程度歳を重ねたほうがより良い判断が出来るような気がします。

羽生さんの場合は未だ44歳ということで年齢云々といった話でないとは思いますが、経験知を伴った判断力の向上あるいは直観力の練磨によって、より良いパフォーマンスが出せるようになるということは正しい気付きだろうと思います。

ビジネスマンは無心になれるか

（2015年3月19日）

▼むしろ放心を避ける

雑誌『GOETHE』（2015年4月号）に、「ダボス会議に出席した僧侶が教える無心になる方法」と題された記事があります。

その中に、「何か物事を成し遂げようという時に大切なのは、心技体だといいます。けれど、心を磨くのはなかなか難しい。そこでお薦めしたいのが、心、すなわち頭を空にすることです」という松山大耕さん（退蔵院副住職）の言が載っています。

そして松山さんは、「最初から無心になることはとうてい無理だが、反復することで、意識しなくてもそういう状態に身を置けるようになる」と言われていますが、この現実社会で時間に追われ、日々仕事をしなければならない人にとって、無心になるのは極めて難しくほぼ無理と言っても過言でないと思います。

当該問題に関し私自身が思ったことは、「放心」ということです。人間の本性には「良心（他者と心情的に共感し善へ向かおうとする心理傾向）」と「放心（外界の事物に動かされて欲望を追求する心理傾向）」の二つの傾向があります。

孟子は「学問の道は他無し、其の放心を求むるのみ」（告子章句上の十一）と言い、「仁義の良心を放失するという重大事態を問題にして」おり、孟子的観点から述べますと人間、無心にはなれなくても放心を出来る限り避けるということが大切です。

四字の熟語で言うならば、「去欲存理（欲を捨て去り天理に存す）」とか「則天去私（天に則り私を去る）」の境地が求められるということだと思います。

前者は「自然的欲を天理として肯定すると共に、それを超えた過度の欲を人欲として抑制すべきだとするもの」、後者は「自我の超克を自然の道理に従って生きることに求めようとしたもの」であります。

人間はややもすると、その心というものがすぐに彼方此方に行ってしまいます。時々刻々移ろぐ心を如何にして不動のものとするか、これこそ東洋における長い間の修行の対象でありました。

この人間社会の中で、なかなか無心になることは難しいかもしれません。しかし、上記のように「放心しない」で「去欲存理」や「則天去私」の境地に達するべく自分を律して行くことが大事なのだと思います。

転職回数が多い人は戦力にならないか

（2015年3月12日）

▼転職者大いに結構

先月22日の『BLOGOS』記事「『転職回数の多い人』は本当にダメなの?」では、その冒頭「日本では一般に『転職回数が多いと、再転職に不利』だとされている。終身雇用・年功序列で発展してきたために、『飽きっぽい』『長く会社に貢献することができない』といった負のレッテルを貼られてしまう」と書かれています。

昨年7月に創業15周年を迎えた私どもＳＢＩでは、これまでグループの成長を支えてきたのは各種業界からのさまざまな転職者です。数からすれば新卒社員よりも中途入社のほうが圧倒的に多く、私自身は「転職者大いに結構」というふうに考えています。特に新規事業立ち上げといった場合、学校を出たばかりの若者を雇ってスタートなどはなかなか出来るものではありません。やはりある程度の経験・知識を有し、他社で金を使い育てて貰ったような即戦力になる人を採用するのが、一番手っ取り早い方法です。

我々がこの事業をスタートするちょうどその頃、日本経済全体に巨大バブル崩壊の後遺症とも言えるデフレ状況があり、大銀行あるいは他の金融機関も経営的にしんどくなりました。日本長期信用銀行や日本債券信用銀行のように巨大バブル崩壊と共に潰れた所もあれば、外国資本に助けて貰わねば日興証券のように実質潰れたような所もあり、山一證券や北海道拓殖銀行などは疾《と》うの昔に潰れたわけです。

あるいは富士銀行、第一勧業銀行、日本興業銀行など、大銀行と言われていた銀行群が公的資金の注入無くして経営が立ち行かなくなり、規模拡大によってメガバンクへの統合再編が起こり支店の統廃合が為されるというタイミングでありました。

バブル崩壊によって業界が非常に行き詰まったまさにその時、私どもはそうした時代背景・経済状況の下で生み出された転職希望者を上手く吸収できた御陰で、グループの急成長が現実のものとなったとも言えます。

米国などを考えてみてもとりわけ80年代というのは、日本の製造業にその世界のリーダーとしての地位を奪われたり、ロックフェラーセンター等の米国を象徴するようなものが日本企業に次々と買収されたりと、日本にこてんぱんに負かされるという状況で大変厳しい時代でした。

こうして米国経済がガタガタになる中で大企業からベンチャー企業へと有能な多くの人がどんどんと移り次の90年代には、こうした人材の流動化が原動力となってインターネットやバイオテクノロジーといったいわゆる「ポスト・インダストリアル・ソサエティ（脱工業化社会）」に相応しい新産業の育成に繋がったという部分もあるでしょう。

米国ならば放って置いても人材の流動化が起こるかと言えば、必ずしもそうではなかったかもしれません。私が見る限りは、むしろ上記指摘した経済的状況がその実態を確かなものにしたという側面は否定し得ないと思います。したがって、そういう意味では必ずしも常にというわけではありませんが、マクロの経済環境次第で大企業から中小企業あるいはベンチャーへの人材の流れが生じやすくなるというのは間違いないと思います。

私自身、今でも週に数回は中途の採用面接を行い、毎回必ず何人かを採用する状況です。他社を辞めて来る理由は人それぞれでありますが。自分は能力があると思う一方で評価するのは他人ですから、現状自分として満足できない部分があるというケースも見られます。では、その人に能力がないかと言うと、そんなことはありません。話を聞き採用後の働き振りを見ていますと、つまらない徒党の類が社内に蔓延《はびこ》っていたがゆえ、会社がその人の能力をちゃんと活かし切れず、きちっとした評価が出来ていない状況があったのではないかと思われることも多々あります。

このサラリーマン社会では上司との人間関係あるいは派閥や徒党等による固定的状況に耐え兼ねて、能力が有りながら出世できないといったケースも多いのです。我々は、そういう人達を採用して正当な評価を下し活用して行くことが出来れば、大いに戦力になるというふうに一貫して考えてきました。

かつて当社の役員を務められていた方が、「大企業でなかなか出世できなかった人がSBIで立派に人物を磨き成長しているのを見て、大企業の社員でいたよりも、また大企業の役員になるよりも遥かに良い人材に育っていますね」という意味のことを言われていましたが、そういう側面もまたあるのだろうと思っています。

▼外国人の採用も

私どもＳＢＩグループはとにかくまだまだ急成長を持続して行かねばなりませんが、同時に片方では企業文化・企業風土ということを考えねばならない部分もあります。

私はＳＢＩホールディングス株式会社の経営理念の第一に「正しい倫理的価値観を持つ（『法律に触れないか』、『儲かるか』ではなく、それをすることが社会正義に照らして正しいかどうかを判断基準として事業を行う）」を掲げています。

金太郎飴的な組織風土には良し悪し共にあるわけですが、当社グループは金太郎飴的というよりも多様化した人材の中に、例えば一つ倫理的価値観において貫かれているといったものを、風土とも言えるものにして行きたいと思っています。

そして、それを醸成すべく２００６年より新卒の新入社員を採用し、手間暇かけて一から教育して行くということもしているわけですが、これまた確実に一つの企業風土を醸成する上で重要なプラスのファクターになっています。１９９９年のグループ創業よりの中途社員を中心としてきたものにこれがコンバインされることで、永続性を有した活力ある組織体が創造されてくるものと考えています。

ちなみに、最近では外国人の採用も積極的に行っています。例えば韓国ではソウル大学出身で、英語・日本語も流暢であっても就職口が無い人も結構います。したがって我々は今、ソウル大学卒・高麗大学卒等々の非常に優秀な韓国人を新卒採用し、日本人が行きたがらないベトナムやカンボジア等に赴任して貰う、といった方法まで検討しているくらいです。

（2015年2月20日）

何のために働くのか

▼事業は徳業、仕事は天に仕えること

『致知』最新号の対談記事「稲盛和夫に学んだ成功の要諦」の中で、末石藏八さん（株式会社キシヤ代表取締役会長）は、「仕事の本質は人の役に立つこと、もしくは人の役に立つものをつくることですが、企業の本質は社員およびその家族の幸せと人類社会への貢献です」と話されていますが、これは拙著『何のために働くのか』（致知出版社）にも同様の主旨のことを書いております。

私達の社会は、その構成員たる一人ひとりがそれぞれの役割を果たすことにより成り立

っています。もし社会を構成する人達が互いに助け合おうとせず、自分一人の力で生きて行かねばならなくなったらば、どうなってしまうでしょうか。

自分が着る服を自分で縫い、自分が食べる魚を自分で獲り、自分が住む家を自分で建てなくてはいけません。これはほぼ不可能なことでありましょう。そういう意味で仕事とは、自分のためだけに行うものでなく、公のために行うものだと言えましょう。

東洋思想では、仕事とは天に仕えることだと考えます。この仕事という字は「仕」も「事」も、どちらも「つかえる」と訓読みします。では誰に仕えるのかと言うと、天に仕えるということです。天に仕え天の命に従って働くというのが、東洋の古来からの考え方であります。

かつては働きに出ることを、「奉公に出る」と言いました。これは「公に奉ずる」「公に仕える」という意味です。また働くとは「傍楽」であり、その行いによって「傍《はた》を楽にする」こと、つまり社会のために働くことであり、社会に仕えることです。

換言すれば世のため人のためになることが仕事、逆に世のため人のためにならないことは、仕事ではないのです。要するに仕事の本質とは「天に仕え、公に奉ずる」ということに尽きるのだと思います。

また企業の本質で述べるならば、企業とは何かという根本の問いに対し、それは「社会なくして企業なく、企業なくして社会なし」ということです。すなわち、企業とは社会にあって初めて存在でき社会から離れては存在できないのです。そして企業もまた社会の重要な構成要素であり、企業なくして豊かな社会の建設は難しいということです。あの東電福島原発事故を例にみても、企業の存在というのは地域社会の恩恵を被ったり、地域社会に大きな犠牲を強いることがあるわけです。

『菜根譚』の中に、「徳は事業の基《もとい》なり。未だ基固からずして棟宇《とうう》の堅久なる者有らず（事業を発展させる基礎は徳であり、この基礎が不安定では建物が堅固ではありえない）」という言葉があります。

基本的に事業というのは、徳業でなければ長期的には存続し得ません。一時的に利益が出て発展するようなケースも、もちろんあるにはあるでしょう。しかし長い目で見れば、社会のため顧客のためになっているもののみ、事業として継続発展することが出来るのだと思います。

経営者が常に頭に入れて置かねばならぬは、私益と公益の二点です。

つまり、企業として利益追求をし役職員の経済的厚生の現在および将来の向上という私益と、社会からのさまざまな恩恵を被る中で企業が存続できるという自覚においてその社会に対しどのような善を為して行くべきかという公益です。

言ってみればこの後者が、世のため人のためということになって行くのだと思います。経営者というのは、株主の皆様や従業員のみならず御客様や取引先あるいは地域社会等々、その企業を取り巻くあらゆるステークホルダー（利害関係者）間の利害を調整して行かねばなりません。そしてそうした中で、各企業はゴーイングコンサーン（永続企業）として発展して行かなければならないのです。

（２０１４年12月８日）

意義を知り、その大きさを分かる

▼**仕事は自分の責務であり、天命だ**

有森裕子さん・高橋尚子さん等々メダリストランナーを数多く育て上げた佐倉アスリート倶楽部社長・小出義雄さんと、これまでに２０００社を超える企業の再生事業に参画したという会社力研究所代表・長谷川和廣さんの対談記事「こうすれば人は育つ」が『致知』の2010年9月号に載っています。

その中で長谷川さんは、「とにかく横着な人、出し惜しみする人はダメですね。そういう人は再建を目指す組織にいてもらっては困るんです」と話され、それに続く形で以下のように述べられています。

【会社の仕事には、自分から進んでやる仕事と、会社として強引にでもやらせなければいけない仕事の二通りあります。

後者の場合、上に立つ人間は泣こうが喚《わめ》こうが絶対にさせなければいけません。

その時に必要なのは「知的腕力」だと私は言っているんです。人間は感情の動物だといいますが、理にかなっていないことは絶対にやらないんですね。説得してもダメです。「まあ、そうしなきゃいけないんだろう」と納得して動き出させる知的腕力が大切なのです。

そうやって無理にでも動かしていくうち、だんだんと自分から動いてくれる社員が出てきます。】

大多数が全くやりたくないと思っているにもかかわらず、その大多数が無理矢理やらされている仕組みの端的な例の一つが戦争です。

軍国主義の時代なら「戦争をやりたくてしょうがない奴もいるかもしれません」が、今戦争をやりたくて仕方がない人はほとんどいないと思います。

では、もし強制的に参戦せねばならないとなった時、如何なる気持ちで戦争に臨むかと言うと、そこにはやはり大義ということが求められましょう。

「大義親《たいぎしん》を滅《めっ》す（君主や国家の大事のためには、肉親の情をも顧みない。大義のためには親兄弟をも犠牲にする）」という言葉もありますが、「多くの国民の命が救われる」といった何らかの大義なくして誰も戦争はやらないでしょう。

長谷川さんが言われる「会社として強引にでもやらせなければいけない仕事」に関してこの文脈で述べるならば、それは大義というよりも意義ということ、すなわち自分の為すべき仕事の意義を知りその大きさが分かることです。

3年程前のブログ『稲盛和夫さん講演会雑感』でも御紹介した通り、稲盛さんは『経営の要諦「経営12カ条」』の第一番目に「事業の目的、意義を明確にする――公明正大で大義名分のある高い目的を立てる」ということを挙げておられます。

自分に与えられた仕事は、この会社全体の中で、あるいはこの社会の中で一体どういう意義があるのか、が分からなければ当然やる気など起こりはしないでしょう。

この世に無駄な仕事は一つもありません。なぜなら経営者は社員に給料を払っているのですから、給料の元を返して貰わねばなりません。社員に無駄な仕事をさせる余裕などなく、そんなことをやっていれば会社が潰れてしまいます。それがどんな仕事であれ、与えられた以上は無駄な仕事ではないのです。

日々の仕事のうち、その大半が嫌いであったとしても、やはり自らの仕事に対しては透徹した使命感・責任感といったものを持ち、好き嫌いに関係なくやり通さねばなりません。

そうしてやり通せるのも自分の仕事の意義が分かるからであって、その中で自分として「これをやらねばならない」「これはなさねばならない」といった気持ちが、必然的に湧いてくるものです。

そして次第に、これをやるのは自分自身の責務であるとの認識を深め、ひいては自分自身の天命なのだというくらいに自覚するようになるのです。

己のためだけの野心ではなく、世のため人のための志を確りと定め、日々与えられた仕事に真摯に向かって行くこと、熱意を持ち仕事に意義を見出して取り組んで行くこと、これが一番大事なのだと思います。

かつてのブログ『「企業30年説」を打破する為に』(2010年8月2日)で、私は役職員自身の「意義への意思」というものの重要性について述べたことがあります。

すなわち、「自分のしている仕事の意義を本当に理解し、その意義を具現化するため、一生懸命全力投球しているかどうか」「自分の考えていることについて、その意義を十分に分かって考えているかどうか」「あらゆる仕事・行動には、それなりの意義が無ければならないといった気持ちを持っているかどうか」というように、ある意味こうした思考は人間だけの特権だと言えるものです。

ルーティンで何も考えずに物事に取り組むのではなく、どれだけ真剣になってその人間だけの特権を行使しているか、ということこそが、結局最も大事なのだと思っています。

本年7月8日に創業15周年を迎えた私どもSBIグループにあっても、30年を経ても尚、隆々としているようなグループを作って行くべく、この意義への強い意思を持ち続け、今後も御客様のため投資家の皆様のために顧客中心主義を貫き、より革新的なサービス・ビジネスの創出に努めて行く所存であります。

第6章　安岡正篤先生に学ぶ

『実践版　安岡正篤』刊行にあたって

（２０１５年７月15日）

▼是非自己維新の一灯を

私が安岡教学について上梓するのは、これで2冊目です。最初の書は『安岡正篤ノート』（致知出版社）と題し、同出版社の講演会で『今に生きる「安岡教学」』というタイトルで御話をさせて頂いた内容をベースに若干の肉付けをしたものであります。この書は、安岡教学へのガイダンスとしてのものであります。

これに対し、その姉妹編とも言うべき『実践版　安岡正篤』（プレジデント社）は、安岡教学のエッセンスを先生の珠玉の言葉を紹介しつつ、それに私の知見を通じて解説を試みるという形で、体裁を整えたものであります。本文に掲載した安岡先生の古今東西を洞観した、極めて厚く深い学識と高潔な人格から迸《ほとばし》る御言葉は実に言霊とも言うべきもので、読者の皆様はそれを味読されることで、その言葉に宿っている不思議な力を体得されると確信致しております。

安岡先生が戦前戦後を通じ、一貫し説き続けられたのは、自らに反り本来の自己を自覚

（自反尽己《じはんじんこ》）し、天から与えられた使命を知り（知命）、自己の運命を主体的に自ら切り拓く（立命）、ということの人生における重大性と必要性でありました。この自己維新の一灯がやがて万灯になり、国や世界をも正しい良き方向に変えることに繋がるというのが先生の堅い信念でありました。

読者の皆様が是非この先生の信念とも言うべきエッセンスに触れられ感化され、一灯《いっとう》照隅行《しょうぐうぎょう》を共にされることを願って止みません。

私が本書を上梓することにしたのは、1冊目の『安岡正篤ノート』と同じく安岡先生の書から受けた学恩に感謝の誠を捧げようと思ったのと、微力ながら先生の教えを若い世代に伝えなければと考えたからです。

今日の世界はさまざまな意味で難局にあり、この打開には人物の育成しかないのであり、まずは人物を作り、その人物をして物事を立派に成し遂げさせて行くということが望まれているのです。

『易経』の中にある「開物成務《かいぶつせいむ》」ということです。そのために「安岡教学」はますますその輝きを増し多くの人に求められなければと思います。まさに宋の大儒・張横渠《ちょうおうきょ》の「去聖《きょせい》の為めに絶学を継ぐ」といった一種の使命観であります。

本書を読まれ安岡先生の言霊の力や横溢《おういつ》する学識に触れられ、また安岡先生の御言葉の底流にある普遍的真理に満ちた思想は、先生が明治三十一年生まれという事実を全く感じさせない瑞々《みずみず》しいものであり、今日でも経世の書として極めて役立つものだと思われる方も多いと思います。

仮にそう思われたとしたら、読み終えられたその時から「行《ぎょう》」をスタートしなければなりません。日々の社会生活において「知行合一《ちこうごういつ》」的に事上磨錬《じじょうまれん》を続ける中で、安岡先生が一貫して説かれてこられた自己維新が出来るのだと思い、私もそれを目指し努力しているのです。自己維新し続け、常により良きものを目指し、無限に進化して行かねばならないのです。

「憤」の一字を抱く

（2015年6月26日）

▼師を求め師に学ぶ態度

安岡正篤先生は「人の人たるゆえん」として、「敬」と「恥」という言葉を挙げておられます。この関係につき当ブログでもこれまで幾度か触れたことがありますが、これに関し先生は御著書『照心講座』の中でまた次のように言われています。

【敬という心は、言い換えれば少しでも高く尊い境地に進もう、偉大なるものに近づこうという心であります。したがってそれは同時に自ら反省し、自らの至らざる点を恥づる心になる。省みて自ら懼《おそ》れ、自ら慎み、自ら戒めてゆく。偉大なるもの、尊きもの、高きものを仰ぎ、これに感じ、憧憬《あこが》れ、それらに近づこうとすると同時に、自ら省みて恥づる、これが敬の心であります。】

昨日のブログ『志ある者は事竟《ことつい》に成る』では、仕事で結果を出す上で絶対欠かせぬものに「憤」の一字を挙げました。上記した敬の心より生じた恥の気持ちが、「自分も発奮してもっと頑張ろう」という憤の気持ちに繋がって行きます。

この憤の気持ちは、何事かをやり遂げるに不可欠なものです。敬と恥が相俟《あいま》って醸成されてくる憤の気持ちが、大きくは万物の霊長としての人類を以てあらゆる面での進歩を促し、またその人自身を段々と良き方向に変化させ、成長させて行く原動力になるのです。

それがため敬を知り恥を知らねばならず、これは人間誰しもが持っている一つの良心とも言って良いものです。そんな敬と恥を自らの内に覚醒させるべく、出来るだけ若いうちに心より師事するに足る人物を見つけ出し得、その全人格を知ろうと大いに努めねばならないのです。

【人間はできるだけ早いうちに、できるだけ若い間に、自分の心に理想の情熱を喚起するような人物を持たない、理想像を持たない、私淑する人物を持たないのと、持つのとでは、大きな違いです。なるべく若い時期に、この理想精神の洗礼を受け、心の情熱を燃やしたことは、たとえ途中いかなる悲運に際会しても、いかなる困難に出会っても、必ず偉大な救いの力となる。若い時にそういう経験を持たなかった者は、いつまでたっても日蔭の草のようなもので、本当の意味において自己を伸ばすということができない。ことに不遇のときに、失意のときに、失敗のときに、この功徳が大きいものです。】（『運命を開く』）

安岡先生は上記したように言われています。何よりも大切なのは自分の範とすべき師を持ち、その人物は如何にしてそういう偉大さを身に付けたか等々を学び、自分もその人物に一歩でも近づこうという思いを抱くことです。

誰を師として選ぶかは、人生の一大問題と言っても過言ではありません。昔の人が師を求めて色々な所を旅し、そしてこれと思う人の所で「私の師になってください」と三日三晩立ち尽くめ、三日三晩座り尽くめで御願いしていた類の話はよく聞きます。

目の前で師と触れ合い師の呼吸を感ずる状況で、師の謦咳《けいがい》に接することが最も望ましいのは言うまでもありません。ただし、師に恵まれたとは言い難い小生のように残念ながらそれが叶わぬ場合は、師と定めた偉人の書を通じて学びそれを血肉化して行くのです。

そうやって師を全人格的に理解しようと学び続けて行く中で、ますますその人に対する尊敬の念が助長されることもありましょう。そうなりますと今度は、その敬の気持ちの対極にある恥の気持ちが生まれてきます。

すなわち、「その人に比べて自分は何て不甲斐ないのか」といった気持ちです。これがとても重要なのです。

「悲観主義は気分に属し、楽観主義は意志に属する」ものか（2014年11月7日）

▼「悲」は愛の極致

『幸福論』で知られるフランスの哲学者・アラン（1868年―1951年）は、「悲観主義は気分によるものであり、楽観主義は意志によるものである」と言っています。

この言葉を以て、「悲観主義のほうが知性的であるとして重きを置く向きもありますが、アランはその深い人間洞察により楽観主義の本質を捉え、人の生き方に示唆を与えてくれています」と評する方もおられるようです。

しかしながら、東洋哲学の非常に深い意味をさまざま秘めている漢字というものを見た時に、悲観は気分で楽観は意志といったふうに割り切ってしまっては物事の本質は掴み得ない、というのが私の主張であって、率直に申し上げればアランの言も少し違っているのではないかと思います。

悲観の悲という字はなかなか難しく、この悲を使って慈悲という言葉もありますが、例えば安岡正篤著『易と人生哲学』(致知出版社)の中にも、これに関して記された次のような箇所があります。

【人間の感情の中で「かなしむ」という感情は一番本体的であります。たとえば仏教では「菩薩道の至極は何か」といえば悲だといわれます。悲しむという感情に慈愛が加わりますと、慈悲であります。そこで菩薩とは何ぞやということをひと言で申しますと慈悲であります。さらにこれを縮めていうなら悲、そこでその至極のものが大悲観音・悲母観音でありまして、母の母たる至極の感情は、子を悲しむことであります。そこで愛という字を「かなし」と読むのであります。

愛は悲しい。楽しい愛というのはまだ愛の究極ではなく、本当の愛は悲しい。ですから愛の化身である母は常に悲しむものであります。子供が病気をしたといって悲しむのはあたりまえですが、子供が出世をしたときでも、母は「あんなことになってどんな苦労をするだろうか」と悲しむ。人が喜んでいる時に母は悲しむ。これが本当の慈悲であります。だから慈愛より慈悲の方が深刻な言葉、本質的な言葉であります。】

子供に関する事柄にあって母親は、ある意味楽観的でなしにむしろ悲観的に杞憂とも思われるような形で何時も心配するということで、とにかく愛すれば愛する程に気に掛かり心配するのが、ある意味愛の極致だと述べておられます。

要するに、何でもかんでもダイコトミー（二項対立）にしたがる西洋的なやり方はある種の整理には適する一方で、整理しやすいがため東洋哲学の深さというものを抜かしてしまい、本質的なものを忘れてしまいがちです。

ある意味、そう簡単に割り切れない悲観・楽観といった言葉であるにもかかわらず、西洋人であるアランなども割り切った言い方をしてしまっているというわけで、東洋的思考に立脚する時、「悲観主義は気分に属し、楽観主義は意志に属する」と言い切れない難しさがあるのだろうと思います。

第7章　古典を読む

より良き自分を築くには？

（２０１５年９月９日）

▼美点凝視が良い

安岡正篤先生は御著書『知命と立命』（プレジデント社）の中で、「なんでも研究をしてみたら無限の意義、作用、効能がある。決して無用な物はない。〝天に棄物なし〟という名言がある。いわんや人間において棄人、棄てる人間なんているものではない」と述べておられます。

率直に申し上げれば、人の上に立つ者としてある程度の年齢まで一つの悪しきスタイルでやってきた人を変えることは、非常に難しいことだと思います。ただし先生が言われるように「棄人」はいないわけですから、まさに「美点凝視」ということが大事です。『論語』の「顔淵第十二の十六」には、「君子は人の美を成す。人の悪を成さず。小人は是れに反す」という孔子の言があります。

つまり、いわゆる「君子」の器を有した上司は部下に対して美点凝視にこれ努め、その「人の美」を追求し褒めてやりながら、ますますそれが良きものになるようサポートする中で、自然と悪い所を目立たなくさせようとする人です。

逆にいわゆる「小人」の器の上司というのは、「人の悪」だけを見るばかりですから、部下の欠点も直らなければ上司・部下の関係もゼロになるわけで、そういう人になったら終わりと言うしかありません。

これは昨年6月のブログ、『「まともな上司」は人の育て方を知っている』でも指摘した一部ですが、上司は部下の短所を目立たなくさせ部下に自信を持たせてあげることで、部下を良きほうに向かわせなければなりません。

さらには自分自身に対しても同様に己の長所が何かと探り当て、それをもっと伸ばそうと全力投球する過程で自然と短所が良き形に変わってきたり、それ自体長所に転ずることも出来てくるのではという気もします。

しかし同時に森信三先生も言われる通り、自分自身の精神上の長短の問題と知識・技能上のそれらとは分けて考えねばなりません。すなわち、自身の精神上の問題に関しては、長所を伸ばすよりも短所を直すほうが、より長所が伸びることに繋がって行くと思います。

自分の弱点を補うべく、日々の仕事・体験の中で一所懸命に努力し、事上磨錬《じじょうまれん》して自分自身を磨いて行くのです。そしてその努力を支え自身の成長に繋げて行くため、時空を越えて精神の糧となるような書物を深く読み込み、私淑する人を得ることが重要なのです。

例えば、冒頭挙げた私が私淑する安岡先生の書を読みますと、東洋哲学は言うに及ばず西洋哲学から医学・科学の話、あるいはその時々の政治や世界の動向にまで話が及んで行きます。先生は人生観、世界観から死生観まで、あらゆる面で卓越した知識を持たれ、それをベースとした見識によって、自らの善悪の判断基準を創り上げておられます。そして正しいと判断された事柄を勇気を持って実践され、多くの人を導いてこられたのです。

こうした方の御本に虚心坦懐に教えを乞い、片一方で事上磨錬し、その学びを実践して行く中、自分はどうかと常に省みつつ自分を修正して行くのです。そうした努力の積み重ねの結果として私利私欲が段々と減ぜられ、ゼロにはならないまでもかなり抑えられるようなってきます。そうなってきたならば、次第次第に世のため人のためという発想が芽生えてき、勇気を持って実行しようという行動に繋がって行くのです。

結局、短所にしろ誰が直すのかと言えば、自ら反省をし、自分で気付き、自分自身が直して行く以外ないのであって、人間とはまさに自らの意志で自らを鍛え創り上げて行く「自修の人」であるわけです。

「お互い人間というものは、自分の姿が一ばん見えないものであります。したがって私達の学問修養の眼目も、畢竟するに、この知りにくい自己を知り、真の自己を実現することだと言ってもよいでしょう」と、森先生は言われています。

また、「本当の自分を知り、本当の自分をつくれる人であって、初めて人を知ることができる、人をつくることができる。国を知り、国をつくることもできる。世界を知り、世界をつくる事もできる」と、安岡先生は言われています。

『自己を得る』こと程難しいことはなく、またそれが如何に重要であるかは、古今東西を問わず先哲が諭していることです。自己を確立するに、心奥深くに潜む自分自身を如何に徹見するかに掛かっているということです。

中国古典で言う「自得」、あるいは仏教で言う「見性《けんしょう》」こそが、より良き人生を送る鍵であり、事柄すべての出発点になるのです。我々は精神の糧となる古典を読むことで、さまざまな気付きを与えられるのです。

世の中の一歩先を行ったらあかん

（２０１５年９月７日）

▼幾と機と期

名門ホテル「ホテルオークラ東京」は先月末、53年の歴史に一旦幕を下ろし、今月より建て替え工事に入りました。日本を代表するこのホテルを立ち上げた野田岩次郎さんの片腕として活躍し、社長、会長を務められた青木寅雄さんは、「世の中の一歩先を行ったらあかん、半歩先を行きなはれ」という言葉を大事にされていたようです。

また、拙著『逆境を生き抜く名経営者、先哲の箴言』（朝日新聞出版）の中で取り上げた創業経営者の一人、阪急グループ創始者の小林一三さんは「百歩先を見たら狂人と言われる。しかし足元だけ見ていたら、置いてきぼりを食らってしまう。したがって、十歩先ぐらいを見るのが一番いい」と、青木さんに似たような言葉を残されています。

これは小林さんが「先見性」につき語った言葉ですが、私はこの「十歩先」とは10年くらいを指されているのだと思います。余りに先を見過ぎたならば狂人扱いされないまでも、誰も相手にしてくれない・誰も分かってくれない、といった状況になりがちでしょう。そして何時の間にやら、その人の支援者が誰もいなくなるというようなことになるかもしれません。

先見性と事業との関係は、何時の時代も難しいものです。遠く将来を見通すことは大事ですが、遥か先の未来を見通しても現在の事業には役立ちません。例えば１００年先の技術や社会の行方に関してさまざまな予測は為されても、それはあくまでも予測の域を出ず現在の事業をそこから組み立てることは不可能です。

その一方で目の前の仕事しか見ていなかったらば、変化にも対応できず発展することは出来ません。つまり事業では近未来を適確に予測し、その変化に合わせて事業を展開して行くことが重要だということです。

結局、どんな商売もタイミングが大事であって、如何に有用な技術やアイディアを有していても、そのタイミングを間違えてしまえば上手く行かないのです。そればかりか往々にして、失敗してしまうことすらあります。

いつ立案し、事業化し、世に投入するか――そのタイミングの見極めこそが、経営者に掛かっているのです。それは世のニーズや進歩等々、あらゆる面に気を配った上で行われねばならず、その勘所を持つには日頃より、長期的・中期的・短期的な視点を有しておくしかありません。

　こういったタイミングを計る時、大変重要な示唆を与えてくれるのが、『易経』にある「幾」についての教えです。中国古典の「四書五経」の一つ『易経』とは、物事が変化する前に、その変化すなわち「幾」を察する能力を養うための書物であります。物事が動き変化する前には、必ず「機微」が現れます。この機微を察知するに、易学により洞察力と直感力を身に付けて行くことが一番だと思います。

『易経』を勉強したらば、三つの「キ」を学び得ます。まずは上記した幾何学の「幾」は、兆しや機微という意味です。二つ目の「キ」は機会の「機」で、これは勘所・ツボのことです。そして三つ目の「キ」は「期」であって、物事が熟して満ちることを意味し、言わばそのタイミングが大事だということです。この三つの「キ」を知ることが指導者には重要であって、古来この『易経』が君子の帝王学と言われてきた所以もここにあります。

　孟子の言葉「天の時は地の利に如かず地の利は人の和に如かず」というのは、いわゆる「成功の三要素」と言われるものの原点です。そのうちの一つ「天の時」とは、まさにタイミングのことであります。

〝Timing is everything.〟と言われますが、商取引でも選挙でも株式投資でも何でもすべて同じです。いつ如何なる局面を選択し、何をどのようにアクションに落として行くかを考えねばならないのです。時局を洞察し、時局に合わせタイムリーに打って出ることが、大切だということです。

君子像いろいろ

（2015年3月10日）

▼時代や人によりさまざま

『論語』を読むと、孔子の弟子や孔子が訪ねた諸侯等、さまざまな人が「君子とは何か」と尋ねています。その他の中国古典の中にも、君子という言葉は沢山出てきます。果たして君子とは、如何なる者として描かれてきたのでしょうか。

これに関し、拙著『君子を目指せ小人になるな』（致知出版社）第2章の3『「君子」の定義』の中でも次の4名が描いた君子像をそれぞれ、「心の中心に仁と礼があるか――孟子（前372年？―前289年）」、「徳が才に優っているか――司馬温公（1019年―10

86年)」、「君子は為政者、小人は被統治者――伊藤仁斎(1627年―1705年)」、「教養人と知識人――加地伸行(1936年―)」と題して御紹介したことがあります。

このように君子と小人の区別は時代により人によりさまざまであって、例えば加地伸行・大阪大学名誉教授は、『論語』の中の「君子」を「教養人」というふうに訳され、教養人とは「家族のみならず、他者の幸福をも願う人」「知性を磨くだけでなく、徳性が加わった人」と定義されています。

あるいは、幕末から維新にかけての偉人、西郷隆盛(1828年―1877年)と勝海舟(1823年―1899年)を比べて、「西郷隆盛は君子だったが、勝海舟は小人だった(勝は頭脳明晰で、抜群に頭が切れる才人だったが、徳が才に劣っていた。だから小人のままで、君子にはなれなかった。一方、西郷は、徳のほうが才よりも勝っていたので君子であった)」と批評する方もいます。

同時代にあって明治維新前夜の人物の中では、吉田松陰(1830年―1859年)が最も偉大な人物ではないかと私自身は思っていますが、上記してきた君子と小人ということでは、彼も色々な言葉を残しています。

その一つに、「およそ学をなすの要は、おのれが為にするにあり。おのれが為にするは君子の学なり。人の為にするは小人の学なり」という言い方をしています。私は上記拙著の中で、孔子にとっての学問の本義として「命を知り、心を安らかにする」と共に、「人生に惑わないために学ぶ」ということを、荀子の「夫れ学は通の為に非ざるなり。窮して困《くる》しまず、憂えて意《こころ》衰えざるが為なり。禍福終始を知って惑わざるが為なり」という言葉を用いて御紹介しました。

つまり、荀子は「学問というものは、立身出世や生活の手段ではなく、どんなに窮しても苦しまず、どんな憂いがあっても心が衰えず、何が禍で何が福なのか、その因果の法則を知り、人生の複雑な問題に直面しても惑わないためのものである」と述べています。この荀子の「学」こそ、松陰の言う「君子の学」と言えましょう。

最後にもう一つ、松陰は「君子は、理に合うか否かと考え、行動する。小人は、利に成るか否かと考えて、行動する」とも言っています。その意味で言うと、中国古典の中に「義利の辨《べん》」という言葉がありますが、孔子は「君子は義に喩《さと》り、小人は利に喩る（物事を判断する時、君子は正しいかどうかで判断するが、小人は損得勘定で判断する）」（里仁第四の十六）として、君子と小人を分ける一つの大事な点を挙げています。これまさに義と利のいずれを優先するかということで、私が描く君子像の一条件「私利私欲を捨て、道義を重んじる」に当たります（参考：私が考える君子の六つの条件――①徳性を高める、②私利私欲を捨て、道義を重んじる、③常に人を愛し、人を敬する心を持つ、④信を貫き、行動を重んじる、⑤世のため人のために大きな志を抱く、⑥世の毀誉褒貶を意に介さず、不断の努力を続ける）。

松下幸之助流「諸行無常」

（2015年3月6日）

▼日に新たであること

松下幸之助さんは御著書『人間としての成功』（PHP研究所）の中で、「その昔、お釈迦さまは、〝諸行無常〟ということを説かれました。この教えは、一般には〝世ははかないものだ〟という意に解釈されているようです。そこには深い意味はあるとは思いますが、（中略）私はそのように解釈するよりもむしろ、〝諸行〟とは〝万物〟ということであり、〝無常〟とは〝流転〟というようにも考えられますから、諸行無常とは、すなわち万物流転であり、生成発展ということであると解釈したらどうかと思うのです。いいかえますとお釈迦さまは、日に新たでなければならないぞ、ということを教えられたのだということです」と述べられています。

お釈迦様が如何なる意図で以てこの諸行無常を言われたのか、これはなかなか難しい問題であります。まず仏教の考え方としてはその基本に輪廻思想があり、ある意味で「生生《せいせい》流転《るてん》（すべての物は絶えず生まれては変化し、移り変わって行くこと）」と言えなくもありません。万物宇宙の法則とはまさにそういうことではあるわけで、虚無的な諸行無常の解釈でなしに松下さん流の考え方で仏教的には、常に生生流転といった中で捉えるほうが正しいのかもしれません。

あるいは中国古典流に言えば、「苟《まこと》に日に新たに、日々に新たにして又日に新たなり」という言葉が『大学』にあります。この「日新」というのは、退歩ではなく進歩して行く方向でなくてはならないということです。東洋的な虚無感・一つの儚《はかな》さといったものもまた考え方としてはありますから、世は儚いと諸行無常を捉えるよりも日新とするほうが良いということかもしれません。

『平家物語』の冒頭部分、「祇園精舎の鐘の声　諸行無常の響きあり　沙羅双樹の花の色　盛者必衰の理をあらわす」は、余りにも有名です。当該軍記物語あるいは鎌倉前期の鴨長明の随筆『方丈記』は、仏教的無常観を基調に描かれたものであります。世は儚いとするようなこの考え方というのはあの時代、戦争や飢饉等で沢山の人が死んで行く中、特に日本にあって生まれた思想と言えなくもないかもしれません。

ただし、これは栄枯盛衰に関する一時代の儚さを言っているものであります。すなわち「満つれば欠くる世の習い」という考え方で、一つの王朝等が延々と続くわけではないということです。あるいは中国の長い歴史を見ると、あるトップの交代時期に「天授け、人与う」という形で皇帝が生まれなければ、「王侯将相《おうこうしょうしょう》寧《いずく》んぞ種《しゅ》あらんや（王侯や将軍・宰相となるのは、家柄や血統によらず、自分自身の才能や努力による）」と、いわゆる「易姓革命」となるわけです。

先に仏教的および中国古典的に諸行無常の解釈を述べましたが、中国古典思想ではさらに宇宙に存在するあらゆる物の構造は「陰」と「陽」の二つの要素から成ると考え、陰と陽をバランスさせることで全体（極）がバランスすると考えます（一極二元の法則）。

陽は造化《ぞうか》（天地とその間に存在する万物をつくり出し育てている者）のエネルギーの一つであり、活動・表現・分化・発展をもたらすもの、陰のエネルギーというのは順静・潜蔵・統一・調節の作用をするものです。つまり、この互性が上手く働く中で初めて、ヘーゲル流に正反合の世界で進化・発展し得るわけです。以上より、全体的に人間の生き方ということで述べるならば、幸之助さんによる諸行無常の御説で正しいのだろうと思います。

物事に一切の定石なし

（2015年2月12日）

▼「孫子」の正しい読み方

先月、私は『今日の安岡正篤（287）』として「本当に美味しく食べようと思えば、美味しいものを探すのが本当か。あるいは、腹を減らすのが本当か。大切な問題でありま す」とツイートしました。

この問題を捉えてみるに、今のような飽食の時代と大飢饉で餓死者多数といった時代とでは根本的に違ってきます。前者においては、いわゆる「美味しいもの」を探そうとする人もいるでしょう。あるいは後者であれば、どのような物であれ食べる物さえあれば、美味しいと思うのではないでしょうか。

私が言わんとしているのは、いつ如何なる時代状況の下で生きているかにより、その答えは全部変わってくるということです。

最近は何事にあっても、一つの答えを求めようとする傾向があるように思います。例えば当ブログでも昨年9月、経営学者・伊丹敬之著『孫子に経営を読む』（日本経済新聞出版社）を御紹介しましたが、今「孫子の兵法」が結構なブームになっています。

ただし残念なのは、そこに何らかの定石があるかのように錯覚し、その文章を一生懸命覚えたりする人が多いことです。当該兵法の神髄とは周りが変化することを所与として、その中で自らも変わるということです。すべての事柄には定石があり、その定石は一切変化しないものであるが如く、その原理原則に従うのが最善だといった理解が多く、非常に困ったものであります。

２５００年程前の『孫子』にしろ他の古典にしろ、およそ長い人類の歴史の篩《ふるい》に掛かった書であっても、唯々その文章を暗記し上記のように捉えていたら全く無意味になります。あらゆる事柄は変化の中で如何に対応するかという観点で以て、例えば『孫子』であれば『孫子』を読み実社会の中でさまざまな経験を積み重ねて行くことなしに、その本質は掴み得ないのです。

昨年3月、私は『今日の安岡正篤（80）』として「『兵は詭道なり』。つまり戦争・戦略というものはいかに相手をいつわるか、ということが根本であるというのであります」とツイートしました。

「兵は詐《さ》を以て立ち、利を以て動き、分合を以て変を為す者なり」とあるように、『孫子』ではそのすべては戦において嘘を作り出し、敵を騙して行く色々な「詐」という行為に関するものです。あるいは『韓非子』を読んでみても、人を見抜くべく、人のさまざまな反応を見て行くために、全部嘘で固めて行いを為すといった類が沢山書いてあります。

その一方でまた韓非子は「巧詐《こうさ》は拙誠《せっせい》に如かず」というふうに、上手く巧みな言葉は終局誠実さに及ばないとも言っています。あらゆる交渉・対話を例に考えてみるに、「兵は詭道なり」と「敵」である交渉相手を如何に上手く騙すかと常々考えていたら、交渉などというのは失敗することはあっても成功することはありません。

交渉というのは相手もあることですから、自身の利益だけを考えるのではなく誠実に交渉しているという誠実さが相手に伝わること、「巧詐は拙誠に如かず」ということが、それをまとめ決着をつけようと思えば何よりも大事になるのです。

昨今世に出されたさまざまな『孫子』本を見ていてもそうですが、「何と酷い解説なんだ…」と思ったりもします。謀と策に溺れていたら、結局何ら果実は得られませんし、孫子自身そうしたほうが良いと言っているわけではありません。大体があの孫武の書に自身でさまざま注釈をつけ、まさに孫武以上に『孫子』に通じていたかもしれない曹操などは、あれだけ軍事力に大差があった「赤壁の戦い」にあって、諸葛亮孔明の巧妙な作戦の前に敗れてしまったわけですから。

古典を読むに当たって大事になるのは、読む方が「定石一切なし」という意識を有し、言わんとされる事柄を理解しようと努め、そしてそこにある本質を掴もうとすることです。あるいは虎関《こかん》禅師が「古教、心を照らす。心、古教を照らす」と言われたように、まさに自分の状況に照らしながら主体的に物事を読んで行き、そこに自分の解釈というものを作って行かねばなりません。そして、それを日常生活の中で活かして行くということが大事なのだと思います。

知者は楽しみ、仁者は寿し

（２０１４年10月７日）

▼徳と才

かつて『私の趣味～中国古美術収集～』（２０１０年１月25日）と題したブログで、中国書法家協会の名誉会長を長らく務められていた啓功《けいこう》さんの書「知者楽　仁者寿」を画像と共に御紹介したことがあります。

これは『論語』の「雍也第六の二十三」にある孔子の言で、「知者は楽しみ、仁者は寿《いのちなが》し（知者は変化に適切に対処して行くことを楽しみとし、仁者はすべてに安んじてあくせくしないので長生きする）」という意味であります。

この意味するところはなかなか難しく、知者の中に仁者もいて仁者の中に知者もいますから、「知者は水を楽しみ、仁者は山を楽しむ」とか「知者は動き、仁者は静かなり」といった形で両者を分けなくても良いのでは？と思われ、また必ずしも分けられるものでもないと私は考えています。

司馬温公（司馬光）の『資治通鑑《しじつがん》』には、「才徳全尽、之を聖人といい、才徳兼亡、之を愚人という。徳、才に勝つ、之を君子といい、才、徳に勝つ、之を小人という（才と徳が完全なる調和をもって大きな発達をしているのは聖人である。反対にこれが貧弱なのは愚人である。およそ才が徳に勝てるものは小人といい、これに反して徳が才に勝れているものは君子という）」という言葉があります。

この徳と才ということで司馬温公は人間を大分類しているわけですが、拙著『仕事の迷いにはすべて「論語」が答えてくれる』（朝日新聞出版）の中でも述べた通り、例えば幕末から維新にかけての偉人、西郷隆盛と勝海舟を比べて「西郷隆盛は君子だったが、勝海舟は小人だった」と批評される方がいます。

つまり、「勝は頭脳明晰で、抜群に頭が切れる才人だったが、徳が才に劣っていた。だから小人のままで、君子にはなれなかった。一方、西郷は、徳のほうが才よりも勝っていたので君子であった」というのであります。

並外れた器量・力量・才能を有していながら小人に分類されているこの勝海舟のケースからも言えるように、何でも彼んでもダイコトミー（二項対立）にしてしまったりすると、何かそれで話が良く分からないようになってしまうケースが多々あります。

ゆえに心情としては分かるものの、実際問題ダイコトミーの世界では必ずしも通じないのがこの現実世界というものであって、無理に分類する必要もないのだろうと思いますが、では先に述べた司馬温公の分類例で何が重要かと考えてみるに、それは徳が大事であると強調しているのだというふうに捉えれば良いのかもしれません。

例えば、稲盛和夫さんは「人生・仕事の結果＝考え方×熱意×能力」ということを言われており、この「考え方とは、人間としての生きる姿勢であり、マイナス100点からプラス100点まであ」るもので、稲盛流に言えば「動機善なりや、私心なかりしか」ということです。

すなわち、「世をすね、世を恨み、まともな生き様を否定するような生き方をすれば、マイナスがかかり、人生や仕事の結果は、能力があればあるだけ、熱意が強ければ強いだけ、大きなマイナスとな」ってしまうというわけで、この考え方とはそういう意味で非常に重要なものであります。

▼単純な生の中に楽しみを見出す

このように徳とはそれぐらい大事で、仮に才だけあって徳なかりせば、むしろ大変なマイナスの結果が生じるかもしれず、要はそこを強調したいがゆえ司馬温公も上記した分類を行っているのでありましょう。

冒頭に挙げた「知者楽　仁者寿」で言うと、仁者とは私利私欲を追うことなく心に平安ということが何時もあってストレスを余り感じることがない一方、逆に知者というのは知を巡らせ「ああでもないこうでもない」とやりながらこの現実と戦いぶつかり合って常にさまざまなストレスを感じる場合がある、というのが根本です。

　つまり孔子が言わんとしているのは、「金を儲けよう」とか「権力を手にしよう」などと考えていると大変な事柄が沢山できてきますから、そうした私利私欲の類を排し、単純に生きて行く中で楽しみというのは自然と出来るもので、「そうやって生きているほうが命長しだよ」というぐらいの感じではないかと思います。

『論語』の「先進第十一の十」に、「顔淵《がんえん》死す。子これを哭《こく》して慟《どう》す。従者の曰く、子慟せり。曰く、慟すること有るか。夫《か》の人の為に慟するに非《あら》ずして、誰が為にかせん（顔回が死んだ時、孔子は悲嘆のあまり慟哭され、連れ添った門人たちが言った。『先生は大変な悲しまれようでした』。孔子は言われた。『私はそんなに悲しんだかね？ あのような人間の死を悲しまないで、誰のために悲しむと言うのだ？』）」という章句があります。

　ちょうど顔淵とは、無欲で自分を磨くことだけに人生を費やし、短命にて死んで行くのですが、孔子がその死に際して慟哭する程に悲しみに暮れた、言わば一番弟子としてある意味評価される人間になっていたのです。

栄養も全く足りていない中で抵抗力なく病にも罹《かか》りやすかったのかもしれず、顔淵は31歳と短命でした。しかし、若くして死んだものの彼にとっては、仁者としての生き方に幸福を得ていたのかもしれません。そして一つ確実に言えるのは、心の平安は常に保たれていたということであります。

孔子は、「賢なるかな回《かい》や。一箪《いちたん》の食《し》、一瓢《いちひょう》の飲、陋巷《ろうこう》に在り。人は其の憂いに堪えず、回や其の楽しみを改めず。賢なるかな回や（偉い奴だ、顔回は！ 路地裏に住み、食事も一椀の飯に一杯の水といった簡素なものだ。ほかの者ならその辛さに耐えきれないところだが、顔回はそれを自ら楽しんでいる。どれほど修養を積んだことだろう）」（雍也第六の十二）と述懐しています。

第8章　人間力を鍛える

己の欲せざる所、人に施すこと勿れ

（2015年8月5日）

▼重要なキーワード「仁」

『論語』の「衛霊公第十五の二十四」に「子貢《しこう》問うて曰く、一言《いちげん》にして以て終身これを行うべき者ありや。子曰く、其れ恕《じょ》か。己の欲せざる所、人に施すこと勿《なか》れ」という、孔子と子貢のやり取りがあります。

子貢が「一言で生涯を通して守って行くべきことを表す言葉はあるでしょうか」と尋ねると、孔子は「それは恕である」と答え「自分が欲しないことを人に施すことがないようにしなさい」と教えています。

私は、この「恕」とは「仁」の思想の原点にあるものと考えていて、仁と関わり合い、仁を定義付けるものと考えています。仁は徳の根本であり、二人以上の人が営む社会にあって最も基本となる徳目です。

孔子を始祖とする儒学では、人間力を高めるため「五常」をバランス良く磨くべしというわけですが、さらにこれは対人関係に関するものである「信」と、自分の人格（人徳）

を磨くことに関わる「四常（仁・義・礼・智）」に分けられるとは、先月27日のブログ『不変の原則』にも書きました。

孔子は、信（集団生活において常に変わることのない不変の原則）につき非常に重きを置いているのですが、それ以外の四つの徳目も大事なものでこのうち彼が特に重視しているのは仁だと思います。

『論語』の中に仁という言葉は、58章延べ109回出てきます。それだけを考えてもこの仁が孔子にとっては「君子」と並ぶ非常に重要な、言わばキーコンセプトになっていることが分かりましょう。

仁の中には「忠（自身の内面の真心に対して誠実であること）」と、「恕（自分のことのように他人を思いやる気持ち）」の二つがあります。『論語』の中に「夫子《ふうし》の道は忠恕のみ」（里仁第四の十五）という曾子《そうし》の言葉もありますが、私はこの「忠」と「恕」を併せて「仁」というのだと思っています。

仁という字は、人偏に「二」と書きます。人が二人ということです。人が二人向き合っていますと相手の言葉が理解できなくとも、そのうち意思疎通を図ろうという気持ちになるはずです。そして身振り手振りを使ってでも、意思伝達を試みるでしょう。その時に二人の間に起こるのが「恕」という働きであります。

恕というのは、他人に対する思いやりであり、「如《ごと》し」に「心」と書くように「我が心の如く」相手を思うということです。これは、慈愛の情・仁愛の心・惻隠《そくいん》の情と言い換えても良いでしょう。そのように相手を許す寛大な心が、恕というものです。

もっと大きく我々の社会を考えますと、それは大勢の人々によって構成されており、荀子が言うように「人間は常に孤に非ずして群」なのです。多くの人が集まって生活を営む社会では、それぞれが自分のエゴを主張していては成り立ちません。集団がまとまって生活を営むためには、御互いが思いやり・親しみ・慈しみ・助け合うことが必要です。その心を仁と言うのです。

吾日に吾が身を三省す

（2015年6月17日）

▼学び、そして考える

ビジネスを制するは究極の所、人間力です。ゆえに私達は絶えずそれを高めるべく、学んで行かねばなりません。これは先月29日、『修身斉家治国平天下』というブログで述べたことであります。

『論語』の「衛霊公第十五の三十九」に、「有教無類」すなわち「教えありて類《たぐい》なし（教育によって人は誰でも立派になれる）」という孔子の言があります。あるいは同じく『論語』には、「性《せい》、相近し。習えば、相遠し」（陽貨第十七の二）という似たような彼の言葉もありますが、結局、人間の差を生むは学問・修養であり、それらに対する意志と努力だと思います。

持って生まれたものが、その人の人間力ではありません。それは教えに従い学んで行く中で、強化できるものなのです。一つには「少しのことにも、先達はあらまほしき事なり」と『徒然草』にあるように、目の前で師と触れ合い師の呼吸を感ずる状況で師の謦咳《けいがい》に接するとか、偉人が残した書物を読み込み、そこからさまざまな教えを得て血肉化して行くといったことが望ましいです。

世に「独学」を推奨する向きもありますが、総じて言えば程度の問題であるものの独学で達する所など所詮知れたものです。やはり人類の英知に学ぶことで独自の守破離《しゅはり》の世界、つまり「守（指導者の教えを忠実に守り、聞き、模倣する段階）」、「破（指導者の教えを守るだけでなく、自分の考えや工夫を模索し試みる段階）」、「離（指導者から離れ自分自身の形を作る段階）」に入って行くべきだと思います。

では、学べばすぐに人間力が高まるかと言えば、実はそれだけでは足りません。学んで後に考えねばなりません。『論語』の有名な言葉に、「学んで思わざれば則ち罔《くら》し。思うて学ばざれば則ち殆《あやう》し」（為政第二の十五）というのがあります。孔子は「学んでも自分で考えなければ、茫漠《ぼうばく》とした中に陥ってしまう。空想だけして学ばなければ、誤って不正の道に入ってしまう」というのです。

あるいは同じく孔子の言に、「吾《われ》嘗て終日食らわず、終夜寝《い》ねず、以て思う。益なし。学ぶに如《し》かざるなり」（衛霊公第十五の三十一）ともありますが、これらの言葉は学ぶことは必要不可欠であり、併せて思索をすることが大事だと教えています。そしてこの思索の中に「自反」あるいは「自省」という要素、すなわち自らを省みることがなくてはならないと思っています。

『論語』の「学而第一の四」で、曾子は「吾日に吾《われ》が身を三省《さんせい》す」と言っています。この「三省する」とは、日に三度自分を反省するではなく、学んだ事柄を自分の日常に活かしているかと何度も反省することです。それでなくては本物にはなり得ません。学んで反省し日常生活の中で活かして行くという繰り返しで、人間は成長して行くことが出来るわけです。換言すれば、それが人間力を高めることに繋がって行くのです。

（2015年6月15日）

頭がいい人

▼SBIグループが重視する人物とは

「頭がいい人」ということでネット検索してみますと、例えば「トップランナーに聞いた〝頭のいい人〟の条件」とか「頭のデキが良い人が持っているスキルとは？」とかと関連記事がさまざまあります。

私自身、会社の役職員、御客様、御取引様の役職員、多種多様な人間を野村證券で見、ソフトバンクで見、そして我がグループを形成して見てきました。少なくとも私の経験上から申し上げると、このビジネスの世界での事業成長に対する貢献ということでは、学力という事と「頭がいい」という事とは全く関連性が無いものです。

もちろん、世に有名な大学に入り優秀な成績で卒業した人に、例えば暗記力や勤勉性等の資質に長けている部分があることは否定しません。しかし実社会というのは、種種雑多な人間がいて矛盾をさまざま内包するまさに複雑系と言えるものです。人と人の繋がりで成り立つ複雑霊妙なこの社会、そこで何よりも重視されるのは暗記モノで高得点が出せる能力でありません。

そこで重視されるべきは第一に、「人からどう信頼を得るか」や「人にどうやって好印象を与えるか」といったことだと私は思います。この人間関係を如何に円滑に持って行くかといった問題は英国社数理の類でなしに、相手の心の読み方・読んだ上での動き方等の言わば心理学の世界です。

第二に、こうしたら上手く行くのではというある種のインスピレーションが湧くこと、あるいは他とは次元を異にしたイノベーティブな発想が出来ること、も大事だと思います。現下の教育制度で秀才と称される人は、実は記憶を司る側頭葉の機能に秀でているのが確かなだけです。イノベーション等をもたらすと言われている頭頂葉および前頭葉の働きが、どれ程優れているかは定かでないのです。これは、3年半程前のブログ『岡潔著「日本民族の危機」について』でも指摘した通りです。

最後に、ちょっとした変化が世の中に起こった時、それが大きな変化となって自分の仕事にどう影響するかをぴんと感ずる能力、あるいはこういうものが有ったら便利だろうと閃き、粘り強く一生懸命そのアイディアを形にして行く能力、等々が挙げられます。

私どもSBIグループでは、学閥・門閥・閨閥《けいばつ》・性別・国籍等この類のすべてを問いません。ですから入社時の私の最終面接では、「学校の成績がどうだったか」や「大学の出身はどこか」、あるいは「大学を出ているか否か」等々には全く触れることはありません。

私が人物を見るに、その評価対象項目のほとんどは、五教科の点数では測れないものなのです。なぜなら仕事においては、そうした能力のほうが余っ程大事だと思うからです。

そして最終的には人間的魅力です。その全人格から醸し出されるものが、その人物評価の対象であり、「頭がいい人」とはそうした中で言われる話だと思っています。西洋流に言えば、アカデミック・スマートでなくストリート・スマートこそが、ビジネスの世界では大切なのです。

人は何故、あの人の話は聞きたがるのか

（2015年5月19日）

▼成し遂げた実績

人間が自らの持つ能力を十全に発揮して行くには、どうすれば良いのでしょうか。こう問われると恐らく多くの皆様は、その場で役立つスキルの向上を思い浮かべるかもしれません。

ビジネスの現場にいる人であれば、コミュニケーション能力を上げるとかプレゼンテーション技術を磨く、あるいは英語力を高めるとか専門分野の資格を取得するといったことです。

世にいわゆる「究極のプレゼン・ノウハウ」が真《まこと》しやかに言われますが、そのノウハウ

を積み上げることで聴衆を魅了し、人を集められるようになれるでしょうか。役に立つスキルを磨くのは無駄ではありませんが、それを本当に役立たせるには自らの人間性を磨き高めねばなりません。つまり「人間力を高める」ことが、前提条件となるのです。

プレゼンをして人を集められるというのは、やはりその人自身が何かをやり遂げ、実績を残していなければ駄目でしょう。

ほぼ実績なしという評論家の類ばかりを集め、どれだけ言葉巧みに話そうが、どれだけ「名言」を鏤《ちりば》めようが、それはほとんど評価されるものではありません。

学者でもそうですが、結局一つの体系や学風を樹立したような人や、その世界で新境地を開いたような人の話は、一度聞いてみようかと学生も思うことでしょう。

対照的に、ネットで少しチェックしたら出ているような極ありきたりの話であれば、どれだけ「偉い」先生の話であっても、誰しもがわざわざ聞きに行きたくはないでしょう。

事業家についても同様、何時も格好良いことを言い「鮮やか」なプレゼンを披露する人も、どれ程の成功を収めたのかと言うと、非常に物足らない人が多々います。

稲盛和夫さんにしろ松下幸之助さんにしろ、その御著書が売れるのも一代であれだけのものを築かれた実績があるからです。

プレゼンの上手い下手以前の問題として、実績なき者の話を聞くために少なくとも私は、余り時間を費やしたいとは思いません。

それなりに傾聴に値する事柄を話せるのは、何かを成し遂げてきた人なのです。プレゼンテーションで大事なのは、形式や技術でなく中身です。その中身で人に感動を与えること、素晴らしいと思わせることがすべてだと思います。


（2015年4月23日）

艱難辛苦汝を玉にす

▼「死地」を経験したか

「昭和の黄門様」福田赳夫さん（1905年―1995年）の今から42年前のインタビュー記事、「10年間の浪人生活は、大衆の中の人生修業だった」が『経済界』のサイトに載っています。

戦後間もない1948年に起きた昭和電工への融資に絡んだ贈収賄事件、いわゆる「昭電疑獄」に巻き込まれた福田さんは「振り返って、苦しい10年から得たものはなんですか」との問いに対し、「そうねえ、やはり世の中というのは、非常に冷酷な一面と、また信義に厚い面という両面を持っている。頼れる人と頼れない人とに選別できる、ということを知ったということですかね。それをからだで知ったということですよ」と答えられています。

そういう意味では、例えば戦後日本を創ってきた吉田茂さん（1878年―1967年）も、「軍事的にも経済的にも成り立たない戦争をやってはならないという考えをもとに動いたため、戦争末期には憲兵に捕まり、40日ほど拘留されてしま」ったという経験も持たれています。

あるいは、敗戦直後の困難な時期に45歳の若さで社長を務め「野村中興の祖」と言われた奥村綱雄さん（1903年―1972年）が、この戦後日本に9電力体制を築き上げ「電力の鬼」と呼ばれた松永安左エ門さん（1875年―1971年）より、「君の過去に失恋、落第、大病、左遷、脱税、逮捕、投獄といった経験はどれくらいあるかね」と尋ねられたという話もあります。

奥村さんが「失恋、落第は少々ありますが……」と答えられると、松永さんに「そりゃ人生経験が足りんようだ。絶体絶命のピンチを粘り強く頑張れない」と言われたそうで、松永さんのように刑務所に入ること自体が良いというわけではありませんが、苦しい状況を数多経験しそこで耐え忍ぶという中で、人間が磨かれ一つの人間としての強さが出来てくるのだろうと思います。

これは一言で、「艱難辛苦汝を玉にす《かんなんしんくなんじたま》」ということですし『人生に無駄なし』ということであって、企業家であれ政治家であれ最近の人達を見るに、昔よりも人間のスケールが小さくなったように感じられて、私はこの状況を非常に憂慮しています。

孫子が「死地《しち》に陥《おとしい》れて後生《のちい》く（味方の軍を絶体絶命の状態に陥れ、必死の覚悟で戦わせることではじめて、活路を見いだすことができる）」と言うように、まさに背水の陣を敷き、ギリギリの状況下で必死になって生きて行くということを、今の人はもう少し経験すべきだと思います。

それは来る日も来る日も眠れぬ夜を過ごし、その中で如何にすべきかと考え抜かざるを得ない「死地」の環境下に置かれた時、人間というのはそれを克服した時に大いなる自信ができ、そして一皮剥けて人物が育って行くものだと思うからです。

大志を抱き、その志を遂げようと思うならば、私利私欲を捨て去って、唯ひたすらに努力し続けねばなりません。そのためにはもちろん、自分を律する強い気持ちが必要になるわけです。さまざまな艱難辛苦を経験せねば、自己を律する精神力が鍛えられはしないのです。

精神上、知識・技能上の長所・短所に関する問題

（2015年1月29日）

▼短所を直すか、長所を伸ばすか

『ライフハッカー』に「最大の欠点は最大の長所かもしれない」（2014年12月11日）という記事がありますが、森信三先生も言われるように私も、精神上の長短の問題と知識・技能上のそれとは分けて考えねばならないと思っています。

まず人間の性格のような前者の問題につき、森先生は「欠点を反省して、これを取り除くという努力が、実はそのまま、長所を伸ばすということになる」という見方をされています。通常、長所を伸ばそうと努力する人が多くいる一方、短所を自ら強く認識しそれを

少なくして行こうとする人は余りいません。

しかし先生が述べておられるように、欠点を反省しそれを除いてやれば、長所が伸びて行くというのは本当だと思います。なぜなら「精神界にあっては、長所と短所とは別物ではなくて、同一物」であり、「ただそれが反省によって浄められるか否か、ただそれだけの相違にすぎない」からであります。

相対観をなくし絶対という立場から物事を見れば、長所も短所も変わらぬものです。だからこそ精神上の問題に関しては、長所を伸ばすよりも短所を直すほうが、より長所が伸びることに繋がって行くというわけです。

こうした精神上の問題に限らず、欠点自体はもちろん自分で知らねばなりません。ただし、自分ではなかなか知り得ないものですから、時に人から教えて貰わねばなりません。そもそも自分自身というのは、分かっているようでなかなか分からぬものです。だからソクラテスは「汝自身を知れ」と言い、ゲーテは「人生は自分探しの旅だ」と言っています。

あるいは自分自身を分かることを、儒教の世界では「自得」と言い、仏教の世界では「見性《けんしょう》」と言います。心の奥深くに潜む本当の自分自身、己を知るのは極めて難しいことなのです。安岡正篤先生は、「もし政治家、事業家、教育家、それぞれの人々が、もう少し真剣に自分というものを究明したら、この世の中を一変するくらいなんでもない。(中略)自分を究めないものだから、いろいろな過ちをおかして悲劇が始まるのである」と、『知命と立命』(プレジデント社)の中で言われています。

他方、後者の知識・技能上の長短というのは同一物でなく別物であり、一般的には短所を補うよりも、むしろ長所を伸ばすほうを考えるのが良いと森先生は言われています。かつてのブログでも述べたように私自身、長所を伸ばすことにより短所が消えるか、あるいは抑えられて行くといった形で短所に変化を及ぼすことは間違いなく、長所を出来るだけ伸ばすという教育法が基本正しいのだろうと考えています。

例えば、子供の育て方にあって何時も短所だけを見出し、一生懸命に怒るよりも、「美点凝視」にこれ努め、その美をさらに伸ばす中で、自然と悪い所を目立たなくさせて行くのが大切だと思います。

またこれと同じように自分自身についてもまずは己の長所が何かと探り当て、それをさらに伸ばそうと全力投球する過程で自然と短所が良き形に変わってきたり、それ自体長所に転ずることも出来てくるのではという気がします。

『論語』の「顔淵第十二の十六」にも、「君子は人の美を成す。人の悪を成さず」という言葉があります。孔子曰く、「君子は人の長所を見つけて、一緒になってそれを伸ばすのを助けてやる。それによって悪いところは目立たなくさせてやる」ということで、自分自身に対する見方も同様、自分の美点を凝視し如何に伸ばして行くかを考えるべきだと思います。

（２０１５年1月15日）

共感なくして人は動かず

▼人の喜怒哀楽をシェア出来るか

森信三先生は、「心の深い人とは、この世の数かずの苦悩を経験することによって、ついに最後の岩盤ともいうべき『我見』というものが、打ち砕かれた人をいうのでありましょう」と言われています。

そしてまた先生は、「心の深い人物とは、結局、自分と縁ある人びとの苦悩に対して、それぞれに深く共感しつつ、その心の底に『大悲』の涙を湛えて、人知れずそれを噛みしめ味わっている底の人ではないかと思います」とも述べておられます。

心が深いということを上記した森先生の言葉で表すとしたらば、私は後者がより適当であろうと思います。要するに、さまざまな人の色々な気持ちを理解し同情を寄せられるということです。

思えば近代経済学を専攻していた学生時代、私は「経済学の父」とも称されるアダム・スミス（Adam Smith、１７２３年―１７９０年）の『国富論』を読み、また経済のみならず、人間そのものから出発しているような彼の人間性が垣間見れる『道徳感情論』を読んで、実に大変な感銘を受けました。

スミスは『道徳感情論』で、「人間は他人の感情や行為に関心をもち、それに同感する能力をもつという仮説から出発している」わけですが、この「共感（sympathy）」の気持ちこそまさに心の深さに通ずるものでありましょう。

そして、それは恐らく自分自身がさまざまな艱難辛苦《かんなんしんく》を経験し、人の痛みを自分の痛みとして捉える中で初めてもたらされ得るものであって、これは人間的魅力ということに非常に関わっていることです。

「人を生かすことで一番大切なことは配慮だ。人に対する配慮、思いやり、共感がなければ、人を動かすことはできない」とは、現パナソニックを創設した松下幸之助さんの言であります。人の喜怒哀楽をシェア出来る人、人の気持ちになって考え感ずることが出来る人の持つ魅力こそが、人に共感を与え、人を感化して行くものだろうと思います。

（2014年12月24日）

人間力が御縁を呼び込む

▼仏教の「多逢聖因」

今月2日発売の『経済界』に「営業マンなら売り上げの方程式を持て。」という記事があり、「数式で使う≧の右側が想定売り上げ、左側がお客さま」で「このような数式が成り立つような人でなければ、会ってはいけない」ということが書かれています。

そして、上記に続けて筆者は「たくさんの人と会え、そうすれば数字は何とかなる」と「指導する上司はバカである」と述べているわけですが、効率的な営業法という観点から考えますと営業スタイルとして、この筆者の言は正しいと言えるかもしれません。

野村證券株式会社のやり方を見ても分かるように、かつて「高額納税者公示制度」が導入されていた時分、高額所得者や土地売却者の名簿等を使って営業をしていたわけで、こうした名簿が無ければ何所を闇雲に回って行くかという話になってしまいます。

株式投資などしそうもない人の所を回って幾ら名刺を集めてみても、それはほとんど役には立たず結果がついてはこないでしょうから、やはり営業で絞って言うならば「会うべきお客さまを絞り込むべし」というのは正しいのだろうと思います。

他方、営業ということと関係なしに、人間として付き合うべき相手を探すとか、自分の力を伸ばそうとかと考えるのであれば、時として御縁を広げるための努力もせねばならず、これはこれで全く話が違ってきます。

柳生新陰流《やぎゅうしんかげりゅう》・柳生家家訓に、「小才は縁に出会って縁に気づかず。中才は縁に気づいて縁を生かさず。大才は袖振り合う縁をも生かす」という味のある言葉があるように、世の中には縁があるにもかかわらず縁を生かせない人・縁に気づかない人が沢山いる一方で、「袖振り合うも多生の縁（＝擦り合うも、触れ合うも、触り合うも）」と言いますが、僅かな縁をも生かせる人もいます。

仏教では「多逢聖因《たほうしょういん》（色々な良い縁を結んで行くと、それが良い結果に繋がる）」ということが言われますが、やはりさまざまな人に御縁を頂くことがまさに「縁尋機妙《えんじんきみょう》（良い縁がさらに良い縁を尋ねて発展して行く様は、誠に妙なるものがある）」に繋がって行くのです。

良縁が広がれば広がる程、良い仕事が出来るのは間違いなく、柳生家では小・中・大の才と絡める中で縁を生かすための条件が考えられているわけですが、私は縁が結ばれるのは単に才の有無の問題ではなく、その人が有する人間力が大きく影響するのではないかと思っています。

御縁というのは、自分に見合ったレベルの中で得られるものですから、立派な人と御縁を結びたいと思うのであれば、自分が日々の社会生活の中で事上磨錬《じじょうまれん》し、人間力のレベルを上げて行くしか、それを呼び込む方法はないのです。

第9章　人生折々の思索

何のために生まれてきたのか

（2015年8月6日）

▼天命を全うすべく努力する

ネットで検索してみますとさまざまなコーポレートサイト等に、戦国武将・島津義弘が残したとされるいわゆる「薩摩の教え」が載っています。それすなわち、「一、何かに挑戦し、成功した者」「二、何かに挑戦し、失敗した者」「三、自ら挑戦しなかったが、挑戦した人の手助けをした者」「四、何もしなかった者」「五、何もせず批判だけしている者」を人間の順序とするようです。

言うまでもなく「何かに挑戦し、成功した者」は一番です。二番目の「何かに挑戦し、失敗した者」には、挑戦してやろうという気概があります。そして何でも彼んでも一人で出来るわけでないですから、「三、自ら挑戦しなかったが、挑戦した人の手助けをした者」も値打ち有る者と言えましょう。

最低最悪なのが「何もせず批判だけしている者」ということで、一人前のことを言う人に限って何もしない人は、意外に多くいるように感じます。要するにこれは「胆識を有していない人」、つまり「勇気ある実行力を伴った見識を持っていない人」を指しています。こういう人は、何らか見識あり気に見えながら批判に終始し、何ら挑戦することもなく、だから当然失敗することもありません。

何かにチャレンジして初めて、何のために生まれてきたかが段々と分かってきます。仮にその時失敗という結果が出たとしたら、その人がこの世に生を享けたのはそのためではないのかもしれません。あるいは、それは将来の成功を目指し、その失敗を教訓にしなさいといった天の采配かもしれません。私はいずれにせよ、事の正否にかかわらずすべての努力に無駄はないと思います。

「無駄な努力」という言葉もありますが、まさに「七転八起《しちてんはっき》」の精神で「何回失敗してもくじけず、立ち直ってどこまでもやりぬく」場合、その本人にとって何も得るものがないかと言えば、私はそこに何かあるに違いないと思うのです。

人間は社会的な動物です。我々は一人では生きて行けません。周りによって生かされているのです。そういう人間として生まれてきた以上、何か社会で果たすべき役割があるはずです。その役割が「天命」というものです。我々にとって天命を知ることは、生きる目的を知ることだと言っても過言ではないでしょう。

私自身は49歳の時、インターネットを活用した金融事業によって投資家主権あるいは消費者主権を確立し、社会に貢献することを自らの天命として、起業を果たしました。その後に事業を通じて生まれた利益を社会に還元すべく、公益財団法人ＳＢＩ子ども希望財団やＳＢＩ大学院大学、社会福祉法人慈徳院（こどもの心のケアハウス嵐山学園）を設立しました。これが、私のもう一つの天命となりました。孔子ではありませんが、次世代を担う人物の育成こそが最大の社会貢献になると考えたのです。

森信三先生は人間の一生というものを「『生から死へ』の間」に過ぎないと言われ、「偉人と凡人の差も、結局はこの生から死への間をいかなる心がけで過ごすかという、その差に外ならぬ」と言い切っておられます。そしてこの「『生から死』への間」の中でも、人生の正味は30年くらいのものであり、この30年を精一杯に生きねばならないと述べておられます。期限が来たならば何かをしたいと思っても、満足な結果は得られないのです。

人間も三十年という歳月を、真に充実して生きたならば、それでまず一応満足して死ねるのではないかと思うのです。人間として価値ある生を送るために、この30年間が大切なのだというわけです。

悔いなき人生にするのも、悔いばかりが残る人生にするのも、すべては自分次第です。

晴れやかな人生を送って命を終えたいと思うならば、自分自身に打ち克ち、自らの天命を全うすべく、必死で努力すれば良いのです。それは言葉でいうほど簡単ではありません。こつこつと時間を掛け、努力を続ける必要があります。

しかし、己を高めるための時間を惜しみ努力を怠っているようでは、結局この世に何も残せぬままにタイムリミットを迎えてしまうのではないでしょうか。それではせっかく人間として生まれてきた甲斐がないと思います。

自らが望んだものではなく、天から与えられた命です。何ゆえ自分に命が与えられたかの意味を深く考え、自分を大切に生きて欲しいと思うのです。最後まで命を愛惜し意義ある人生だったと言える一生にして頂きたいと思う次第です。

任天・任運〜最善の人生態度〜

（2015年7月8日）

▼すべての事は最善である

私が中国古典を学ぶうち、染み付いてきた人生観が大きく五つあります。

それは、①「天の存在」を信じる心、②「任天」「任運」という考え方、③「自得（本当の自分をつかむ）」、④天命を悟る、⑤「信」「義」「仁」という倫理的価値観のベース、と拙著『君子を目指せ小人になるな』（致知出版社）にもそれぞれ書きました。

この二番目に挙げた「任天」「任運」とは、「天に任せる」「運に任せる」ということです。私はあらゆる判断に当たって、最終的には「任天・任運」という考え方を今までずっとしてきました。何か上手く行かないことがあったとしても、「これは天が判断したことだから、くよくよする必要なし」と考えるのです。これは、人生を良い方向に導くため大切な考え方だと思います。

ただし、何も努力せずに天に任せたところで上手く行くはずもありません。「人事を尽くして天命を待つ」という言葉がありますが、人の人たる所以の道を貫き、自分のやるべきことを精一杯やった上で、天の判断に委ねるという考え方が大事なのです。たとえ自分の期待したような結果が出なかったとしても、何も恥ずることはありません。そこで尽くした努力によって、自分自身は間違いなく成長しているはずです。

『論語』の「顔淵第十二の五」に、「死生《しせい》命あり、富貴《ふうき》天に在り（生きるか死ぬかは運命によって定められ、富むか偉くなるかは天の配剤である）」という、子夏の言葉があります。「福禄寿《ふくろくじゅ》」は誰もが望むところですが、所詮人知人力の及ぶ所ではありません。

物事が自分の希望通りに進んだならば「天の助けだ。有り難い」と謙虚になって感謝の念を抱き、逆に思うような結果が得られなければ「失敗ではない。このほうがむしろベターということなんだ」と考えれば良いのです。如何なる結果になろうとも最終的には、それが自分の天命だと思い天に任せるべきなのです。

これで誰かを恨んだりすることもありませんし、誰かに責任転嫁するような情けない真似をすることもありません。天がそれで良いと判断してもたらされた結果であり、導いてくれた方向だと思えば納得でき、余計なストレスを溜めずして常に前向きに行動できるのです。

そもそも自分の希望が叶ったからと言って、それが本当に良い結果か否かは誰にも分かりません。二つの人生を同時に生きられれば比較することも出来ましょうが、人は一つの人生しか生きられません。「禍福は糾《あざな》える縄の如し」「人間万事塞翁が馬」というように、何が禍になり、何が福になるかはなかなか分からないものなのです。

人生には幸もあれば不幸もあり、幸かと思えばそれが災いに転ずることもあり、失敗が成功の基になることもあるわけです。起きた物事に一喜一憂して神経をすり減らすのは、余りにももったいないと思います。

森信三先生は、「自分に起こるすべてのことは最善であると思いなさい」と言われています。先生の言葉で言えば「最善観（オプティミズム）」とは、「神はこの世界を最善につくり給うた（中略）すなわち神はその考え得るあらゆる世界のうちで、最上のプランによって作られたのがこの世界だ」という見方をするものです。

それゆえ、この世に起こるさまざまな悪や不幸な出来事、あるいは自分にとってためにならないと思える事柄であっても、全知全能の神の眼から見れば、それぞれに有意義であるという考え方が出てくるのです。そしてこの「最善観」は、「任天・任運」という東洋の思想とも相通ずるものでありましょう。

これは、我々が生きて行くプロセスで起こるさまざまな困難、苦難に対して前向きに立ち向かう、勇気を与えてくれる考え方であり言葉だと思います。我が身に降りかかる事柄はすべてこれを天の命として慎んでお受けする――これが我々にとっては最善の人生態度だということなのです。

ウォーレン・バフェットの「高い知性」より

（２０１５年４月17日）

▼努力を惜しまない勉強の成果

龍谷大学経済学部教授の竹中正治氏は先月21日、御自身のブログで「大富豪投資家ジム・ロジャーズ氏の奇妙なコメント」３点を挙げられ、その誤りそれぞれを指摘されていました。そして竹中氏は、「なぜ１９８５年のプラザ合意前後のような大きな相場変動局面について事実関係を正しく認識していないのか」等と書かれた後、「大富豪投資家のバフェットさんの語りには、私は高い知性を感じるが、ロジャーズ氏には感じることができない」と言われていました。

かつて、朝日新聞出身の細川隆元さん（1900年―1994年）と日経新聞出身の小汀利得さん（1889年―1972年）による「歯に衣着せぬ毒舌が評判を得ていた」テレビ番組、「時事放談」（1957年―1987年）というのがTBS系でありました。小汀さんは「体調を崩し、1970年6月7日放送分をもって番組を降板」したわけですが、その最後のほうになってきますと、それなりに年を取っていても勉強している細川さんに対し、新聞も碌々読んでいないと言っても良いほど不勉強な小汀さんに時事放談をやらすのも無理ではないかと思いつつ、私はその話を聞いていた記憶があります。

対照的に年老いてなお矍鑠《かくしゃく》とされていた、東洋経済新報社の高橋亀吉さん（1891年―1977年）という御方もおられました。高橋さんは一流の経済学者として通用する人で、また同時に大変素晴らしい経済評論家であったのです。

私は大学時代に高橋さんのオピニオンを読むべく、よく新聞や雑誌を買っていました。この方は何歳になってもますますその経験値がさらに増え、世に新たに起こってくるさまざまな事象も御自身の知識と経験の中で自分なりに消化され、経済に関する極めて質の高い論説等を書き続けておられました。

私の見ているところでは、人は年を取るに勉強し続ける人と勉強しなくなる人にはっきりと分かれてき、とりわけ後者は70歳を超えて駄目になる人が多いように思われます。年を取っても後者は余勢を駆って色々と露出したりするのですから、これは「命長ければ恥多し」の類であろうかと思います。冒頭挙げた72歳のジム・ロジャーズ（１９４２年―）が「奇妙なコメント」を発するとしたら、これに属するものかもしれません。

84歳のウォーレン・バフェット（１９３０年―）から何ゆえ「高い知性」が感じられ息が長いかと言ってみれば、やはりそれは彼が相場の世界で生きている現役の勝負師だからでしょう。

バフェットは一つの投資哲学の下、ずっと運用し続けているのですが、実績が示す通り素晴らしいという一言に尽きます。毎年恒例の「レター」を見てみても、それぞれの時代の変化をある意味先取りするようなものもあれば、時代の変化の本質を確実に捉えているものもあるわけで、やはり何歳になろうが努力を惜しむことなく勉強し続けている結果だと思います。

バフェットのように80歳を超えて尚、自主性・主体性・創造性というものを発揮できるような人は少ないと思います。私自身はそう在りたい、という思いは強いですが、ただ馬齢を重ねているのが現状です。

人間にも、それに相応しい春夏秋冬があると言える

（２０１５年３月17日）

▼年を取るほどシンプルライフに

出光興産創業者の出光佐三さんは、「学校、学園という場所は理屈、理論で簡単に割り切れるところだが、実社会、人間社会はそうはいかない。人間とは、非常に矛盾性に富んだ複雑なものであり、その人間が構成している社会はより複雑怪奇なものである。したがって簡単な学問で割り切れるものではない」と言われていますが、それはまさにその通りだと思います。

これに関しては、例えば安岡正篤先生は「知は渾然たる全一を分かつ作用に伴って発達するものだから（中略）、われわれは知るということをわかると言う。（中略）だから知には物を分かつ、ことわるという働きがある」と述べられています。

2年程前のブログ『情意を含んだ知というもの』でも指摘した通り、種種雑多な人間がいてさまざまな矛盾を内包する複雑霊妙なこの世の中、すなわち今風に言えば複雑系というものの中で、簡単に割り切って行く知で以て、人として人と人の繋がりで成り立つ社会

を上手くは歩み得ないということです。

この複雑系においては、割り切りの知、すなわち劃然《かくぜん》たる知では何も解決し得ず、また判断を間違うことにもなるわけで、人間社会という複雑系の中でも何とかやって行ける実践的解決策を導き出すのは、結局情意を含んだ知ということなのだと思います。

他方、冒頭の言葉に続けて出光さんは「さらに僕の体験から言えば、年をとるに従がって割り切れないことがいっそう深刻になる。そして死ぬときにこんなに割り切れない、難しいものかということを知るのが実社会だ」と言われていますが、私はそれはそうではないと思います。

私は年を取れば取る程、人間はシンプルにして行かねばならないと思っています。例えば引退ということ一つを考えてみても、老子は「功成り名遂げて身退くは天の道なり」と言っています。

あるいは、吉田松陰はその遺書『留魂録《りゅうこんろく》』の中で、「私が死を目前にして平穏な心境でいるのは、春夏秋冬の四季の循環という事を考えたからだ。つまり、農事で言うと、春に種を蒔き、夏に苗を植え、秋に刈り取り、冬にそれを貯蔵する。（中略）私自身について考えれば、やはり花咲き、実りを迎えたときなのであろう。なぜなら、人の寿命には定まりがない。農事が四季を巡って営まれるようなものではないのだ。人間にも、それに相応しい春夏秋冬があると言えるだろう」と言うように、四季の如く役割を終えて移り行くものだと私は考えています。

『史記』の中にも「四時の序、功を成す者は去る」とあります。春には春の役割が、夏には夏の本分があります。それぞれの季節は自分の役割を終えたら静かに去って行くのです。

何時までもさまざまな所にへばりついているがゆえ、複雑にもなって行くのであって、自分で自らをシンプルライフに導こうとすべきです。かと言って、私自身が今の時点でシンプルにして行っているわけではありません。ただし、基本年を取るというのは自分が背負ってきたものを一つずつ外して楽になり、後世に引き渡すものと棺桶に入れるものを分けて行く、すなわち身辺整理をして行くということでしょう。

64歳の今、音楽と共に読書あり

（２０１５年3月5日）

▼好きな歌手

昨今小生は、ながら族の仲間入りをしたみたいです。

過去、音楽を聞きながら本を読むなどということは一切ありませんでした。本を読むのは常にある種の味読であり、集中して読むということに努めてきました。良書というのは、良く味わいながら読まねばなりません。

私の場合、１冊の良書を何度も繰り返して読みます。

常日頃から古典に親しみ、またさまざまな書物を読んでいます。『論語』なら『論語』を何十回も読んでいる中で、最近好きな音楽を聞きながら読むということが増えてきています。

そのほうが何となく違った考えや気付きが、あるような気がしています。口実かもしれませんが好きな音楽を聞くと、アルファ波が出て良いのかもと思い始めたというわけです。

ちなみに、私の好きな音楽というのは古めかしいものばかりですが、最近はYouTubeで簡単に探せるようになりました。

例えば、古賀政男作詞・作曲の「影を慕いて」を藤山一郎が歌っていた曲です。

また、同じく古賀政男作詞・作曲の「思い出の記」もお気に入りで、古賀政男本人以外が歌っているのを私はほとんど聞いたことがありません。

あるいは、秋川雅史が歌う「津軽のふるさと」「イヨマンテの夜」「いい日旅立ち」「荒城の月」、さらには「五月のバラ」「千の風になって」等も好んで聞きます。

言ってみれば秋川雅史のファンなのだろうと思いますが、「イヨマンテの夜」については元々の伊藤久男の歌を聞くのも好みます。

また、伊藤久男の「あざみの歌」も好みです。

女性歌手では、倍賞千恵子の「あざみの歌」も好きです。

「津軽海峡・冬景色」を洋装で歌っていた出立ての頃の石川さゆりも好きでした。

後は坂本冬美の「夜桜お七」、そして美空ひばりの「みだれ髪」と、極限られた歌を順繰りに聞いています。

後者は星野哲郎という人が作詞したもので、その歌詞は実に素晴らしく、今これ程の歌詞を書ける人はもはやいないのではとすら思っています。

車中でもこの歌を何度も流し続けていますから、運転手さんも辟易しているのではないでしょうか（笑）。

以上、64歳になって新しく出てきた傾向です。

これが良いのか悪いのかは分かりませんが、段々と嗜好が変わってきたのかもしれません。

（2015年2月23日）

人生最高に幸せな時

▼身體髪膚、これを父母に受く

昨日、『「選択と集中」を掲げ更なる成長を目指すSBIホールディングスをけん引する北尾吉孝の戦略の全容に迫る！』ということで、私が出演したテレビ番組「賢者の選択」が『BS12 TwellV（トゥエルビ）』で放映されました。

この番組が終わってすぐに、卒寿（90歳）を迎えた母親から電話がありました。母は、「こんなに立派な人物になってくれて、もう思い残すことは何もない。いつ死んでもいい。ありがとう。パパが見たらどんなに喜んだか」と、涙ながらに言ってきました。これは、小生の今日までの人生の中で最も嬉しい言葉となりました。

何をしているかを伝えるべく、小生が出ている雑誌・新聞等の記事は何時も母親に送っていました。そして母はそのすべてを丹念に読んでいたわけですが、今回テレビの番組で直接的社会貢献として、5年程前に公益財団法人に移行したSBI子ども希望財団や私の個人的な寄付で埼玉県嵐山町に2007年に設立した社会福祉法人慈徳院（こどもの心のケアハウス嵐山学園）という情短施設（情緒障害児短期治療施設）が取り上げられ、そうした余りこれまで新聞や雑誌に触れられていなかった小生の活動が何よりも嬉しかったようです。

『孝経』の中に、「身體髪膚《しんたいはっぷ》、之れを父母に受く、敢へて毀傷《きしょう》せざるは、孝の始なり。身を立て道を行なひ、名を後世に揚げ、以て父母を顕《あらわ》す、孝の終なり」という言葉があります。

これは、「そもそも我が身体、髪、皮膚、ありとあらゆるものは、父母より受けたるものである。これを一時の惑いに失うこと無く、その生を尽くして全うするは、孝の始めである。身を修めて道を行ない、名を後世に揚げて敬せらるに至る、このようにして父母を顕し先祖を讃えるに至らしめるは、孝の成就である」という意味です。

母親が生きている時にそのように母が思ってくれたということが、私にとっては最高の幸せでありました。今後も両親から学んだ世のため人のためを忘れずに、生ある限り全力投球をして行き、より社会貢献できるよう尽力して行く所存です。最後に、当該番組を作ってくださった株式会社矢動丸プロジェクト 代表取締役の前田高明さん、並びにキャスターの諸星裕さんおよび白石みきさんに心より感謝申し上げたいと思います。

（2015年1月9日）

結果は後からついてくるか？

▼一心不乱、粉骨砕身頑張るのみ

YouTubeでも「イチロー結果は後から付いてこない」が閲覧できますが、彼はこの言葉に関して「結果は後からついてくるという感覚も多分持てないだろうし、持ちたくもない。しっかり結果を追い求めて、追いかけてそうしたい」と言っています。

結果ということで他にもイチローは、「結果がでない時に、どういう自分でいられるかが大きい。苦しいけど、頑張るというのは大事なことだと思います」とか「結果を出せないと、この世界では生きていけません。プロセスは、野球選手としてではなく、人間をつくるために必要です」等々と、さまざまな言葉を残しています。

上記動画を見ての私の感想は一言で、「イチローらしい。流石だなぁ。『結果は後からついてくる』なんて、そんな甘いもんじゃないよね」であります。何かを成し遂げようと思うのであれば、唯ひたすら努力し続けるのみです。そういう意味においてのみ、「結果は後からついてくる」のです。

結果は後から付いてくるという場合、その結果の良し悪しにはさまざまありましょう。良い結果が付いてくるか否かは分かりません。それが良いか悪いかにかかわらず、唯ひたすら努力し続けるしかないのです。したがって必死になる中で、結果がどうこうと考えている余裕などありません。

それからもう一つ、単純に「結果は後からついてくる」などと人にコメントすることも出来ません。あくまでも良い結果が出てくるということを相手に期待させるようには、少なくとも私には言えません。言えるかもしれないのは、「一心不乱に粉骨砕身《ふんこつさいしん》頑張りなさい」といったことだけです。

イチローは、「人よりもほんの少し多くの苦労、人よりもほんの少し多くの努力で、その結果は大きく違ってくる」とも言っています。私が言えることは、努力・苦労の結果として結果の良し悪しはともかく、何らかの結論が出るということです。

（2014年12月29日）

知者は人を失わず、亦言を失わず

▼品性が備わっているかどうか

『論語』の「衛霊公第十五の八」に、「与《とも》に言うべくしてこれと言わざれば、人を失う。与に言うべからずしてこれと言えば、言《げん》を失う。知者は人を失わず、亦《また》言を失わず」という孔子の言葉があります。

まず、「共に語るべき人と語らないでいると、善い相手をとり逃がしてしまう」と書かれていますが、やはり言葉なしに「以心伝心」だけでは人と親しくなることはなかなか難しいでしょう（笑）。

言葉というのは人の間を取り持つ一つの手段であり、言葉を介し始めて、双方の考え方あるいは人間性といったものが明らかになるわけで、これが皆無であるとすれば当然「人を失う」ことになります。

次に孔子は、「共に語る価値のない人と語っても、言葉をむだにしてしまうだけだ」と言っています。御付き合いするのは御免というような人と無意味な話を愚図愚図してみても、「言を失う」だけで仕方がないということです。

そしてこれに続けて、「聡明な人は良い語らいのできる相手を誤らないし、言葉の浪費もしないものだ」と述べているわけですが、では一体如何にして「人を失わず、亦言を失わず」というふうに出来るのでしょうか。

「共に語るべき人」と「共に語る価値のない人」の境を考えてみるに、それは品性が備わっているか否かで識別可能ではないかと思われ、胡麻ばかりを擂《す》ってきたような人で品性が丸で感じられない人とは、私は御付き合いをしたいとは思いません。

安岡正篤先生の言、「人間の真価はなんでもない小事に現われる」とは全くその通りだと私は思います。その人の真価というか本質というか人格というか品性というか、とにかくその日その時のちょっとした立ち居振る舞いに、その人のすべては必ず現れてきます。

スイスの有名な法学者、哲学者であり政治家であるカール・ヒルティー（１８３３年―１９０９年）は『幸福論』の中で、「人間の真実の正しさは、礼節と同様、小事に於《お》ける行に表れる。小事に於ける正しさは道徳の根底から生ずるのである。之に反して大袈裟な正義は単に習慣的であるか、或いは巧智に過ぎぬことがあり、人の性格について未だ判明を与えぬことがある」と言っていますが、これはまさに至言です。

あるいは、ピーター・Ｆ・ドラッカー（１９０９年―２００５年）はその著書の中で、「経営者がなさねばならぬことは、学ぶことが出来る。しかし経営者が学び得ないが、どうしても身に着けなければならない資質が一つある。それは天才的な才能ではなく、実はその人の品性なのである」と言っています。

森信三先生も「人間の修養上、最大の難物」と述べておられるように、人間としての品性を高位に保つのは大変難しく、だからこそ平生の心掛けを大事にすると共に、必死になって学問修養をして行かねば、品性というものは決して磨かれ得ないのです。

最初から何ら得るものがないのが分かっているようなくだらない人と、何を話し合ってみても無価値です。品性の一欠けらも感じ得ない私利私欲の塊のような人と、幾ら話し合ってみても無意味です。人間、一番失くしてはいけないのが品性であります。やはり語らうべき人と語り合わねば、それは〝waste of time〟であり〝waste of words〟です。

〈著者紹介〉

北尾吉孝（きたお・よしたか）

1951年、兵庫県生まれ。74年、慶應義塾大学経済学部卒業。同年、野村證券入社。78年、英国ケンブリッジ大学経済学部卒業。89年、ワッサースタイン・ペレラ・インターナショナル社（ロンドン）常務取締役。91年、野村企業情報取締役。92年、野村證券事業法人三部長。95年、孫正義社長の招聘によりソフトバンクに入社。

現在、SBIホールディングス株式会社代表取締役執行役員社長。また、公益財団法人SBI子ども希望財団の理事、SBI大学院大学の学長も務める。

主な著書に『実践版　安岡正篤』（プレジデント社）、『出光佐三の日本人にかえれ』（あさ出版）、『仕事の迷いにはすべて「論語」が教えてくれる』『逆境を生き抜く名経営者、先哲の箴言』（以上、朝日新聞出版）、『日本経済に追い風が吹いている』（産経新聞出版）、『北尾吉孝の経営問答！』（廣済堂出版）、『中国古典からもらった「不思議な力」』（三笠書房）、『強運をつくる干支の知恵』『ビジネスに活かす「論語」』『何のために働くのか』『森信三に学ぶ人間力』『安岡正篤ノート』『君子を目指せ 小人になるな』（以上、致知出版社）、『日本人の底力』『人物をつくる』（以上、PHP研究所）、『人生の大義（共著）』（講談社）、『起業の教科書（編著）』『価値創造の経営』『進化し続ける経営』（以上、東洋経済新報社）、『北尾吉孝の経営道場』（企業家ネットワーク）など多数。

自修自得す

2015年12月8日　初版第1刷発行

著　者　北　尾　吉　孝

発行人　佐　藤　有　美

編集人　安　達　智　晃

ISBN978-4-7667-8599-9

発行所　株式会社　経　済　界

〒105-0001　東京都港区虎ノ門1-17-1

出版局　出版編集部☎03（3503）1213

出版営業部☎03（3503）1212

振替 00130-8-160266

http://www.keizaikai.co.jp

印刷　㈱光　邦